CW00926330

BLAS AR]
CWMDERI

ROBYN LEWIS

(GYDA RHAGAIR GAN T. JAMES JONES)

GWASG CARREG GWALCH

Cyhoeddir y map a'r holl ddarluniau drwy garedigrwydd y Gorfforaeth
Ddarlledu Brydeinig, sy'n berchen yr hawlfraint arnynt.

Ⓗ *Robyn Lewis*

Argraffiad Cyntaf: Hydref 1993

*Cedwir pob hawl. Nid oes caniatâd i atgynhyrchu'r deunydd hwn mewn unrhyw
ffordd heb gytundeb â'r cyhoeddwyr yn gyntaf.*

Rhif Llyfr Safonol Rhyngwladol: 0-86381-264-3

*Cyhoeddwyd ac argraffwyd gan Wasg Carreg Gwalch,
Capel Garmon, Llanrwst, Gwynedd.
(0690) 710261*

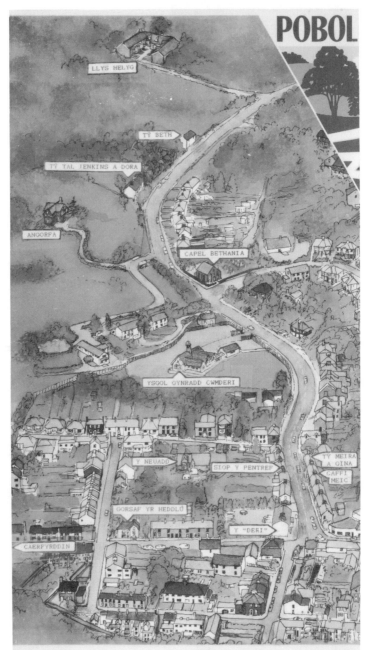

POBOL

LLYS HELYG

TŶ BETH

TŶ TAL JENKINS A DORA

ANGORFA

CAPEL BETHANIA

YSGOL GYNRADD CWMDERI

Y NEUADD

SIOP Y PENTREF

TŶ MEIRA A GINA

CAFFI MEIC

GORSAF YR HEDDLU

Y "DERI"

CAERFYRDDIN

CWM

RHAGAIR GAN Y PRIFARDD T. JAMES JONES

Y mae hon yn gymwynas fawr gan y Prif Lenor Robyn Lewis, yn enwedig i awduron sgriptiau *Pobol y Cwm*. Fe fu gennym ni'r golygyddion restr o eiriau ac ymadroddion tafodieithol i'w chynnig i awduron, ond y mae'r casgliad cynhwysfawr hwn yn rhagori ar honno, ac fe fydd yn ganllaw hynod o werthfawr ar gyfer creu sgriptiau *Pobol y Cwm*.

Gobeithiaf hefyd y bydd y gyfrol o ddiddordeb i addysgwyr a myfyrwyr colegau ac ysgolion, er mwyn hybu sgrifenwyr newydd, yn ogystal ag i ddysgwyr o bob oedran.

Nod *Pobol y Cwm* yw diddori, ac fel yn nhraddodiad y cyfarwydd, y mae hefyd yn gyfraniad pwysig i gynnal a chadw'r iaith lafar.

BBC Cymru, Caerdydd.

RHAGYMADRODD YR AWDUR

Geirfa yw hon a seiliwyd ar yr iaith a ddefnyddir yn *"Pobol y Cwm"* - yn bendifad-dau y rhaglen a enillodd ei phlwyf fel y fwyaf poblogaidd ar S4C: rhaglen a wylir yn feunosol gan Gymry o bob parth a thafodiaith. Er mwyn paratoi'r Eirfa, gwyliwyd y Gyfres honno - ynghyd ag ambell raglen arall, bid siŵr - yn ddi-feth am bedair neu bum mlynedd. Agosrwydd yn unig - yn hytrach na manwl-gysactrwydd - a geir yn yr Eirfa hon. Hynny, am mai cywaith o dafodieithoedd cyffredinol yw ei natur a'i rhychwant. Wedi'r cyfan, mae'r Gogledd a'r De, fel ei gilydd, yn andros o eang: i un sydd â chlust fain, mae'n bosibl gwahaniaethu rhwng Cymraeg y naill ran a'r llall o'r un dref - megis Caernarfon neu Gaerfyrddin - hyd yn oed! Mae nifer o'r geiriau/yma-droddion sydd ar law chwith y tudalen, yn ystyr y rhai cyfatebol a welir gyferbyn â hwy, i'w canfod yn *Geiriadur Prifysgol Cymru* a/neu mewn geiriaduron safonol eraill.

Eithr pwysleisir mai *llafar* yw hanfod y mwyafrif mawr ohonynt. Dyna paham y defnyddir yma y cyfuniadau llythrennau "sh" a "tsh" (*) er mwyn cyfleu ynganiad ambell air, ac y gwrthgyferbynnir llafariaid byrion a hirion o bryd i'w gilydd â'r *acen leddf* [`] a'r *marc hirsain* [ˉ]. Pan ddangosir ffurf ysgrifenedig gair, defnyddir yr *acen lem* [´] a'r *acen grom* [^] yn y modd safonol (**). Pwysleisir hefyd na fedrir, wrth reswm, disgwyl i eirfa o faint, nac o natur, hon fod yn holl-gynhwysfawr.

Uwchlaw popeth, cofier mai *un iaith* yw'r Gymraeg; mai gwahaniaethau *tafodieithol* yn unig a geir yma - ac nad yw tafodieithoedd iaith amgen nag amrywiadau oddi mewn iddi hi ei hun.

Dymunaf ddiolch o galon i'r cyfeillion a ganlyn am eu cymorth mwy na pharod, sef: Y Prifardd Myrddin ap Dafydd, Alma Carter, Delme Evans, Dafydd Islwyn, Lenna Pritchard Jones, Mererid Moffett, *Y Dr. D. Tecwyn Lloyd*, Handel Morgan, Myrddin Wyn Owens, Y Prif Lenor Eigra Lewis Roberts, Grace Roberts, Huw Roberts a'r Prifardd Aled Rhys Wiliam.

Diolchaf yn arbennig i'r ieithmon J. Elwyn Hughes, Pennaeth *Y Ganolfan Astu-diaethau Iaith*, am ei arolwg caredig a manwl o'r cyfan, yn enwedig o dafodiaith y Gogledd a'i theithi, ac i'r Prifardd T. James Jones a William Jones, o *"Pobol y Cwm"* am iddynt hwythau fwrw cip ar y cyfan drwy ben arall y sbienddrych.

Nefyn, Llŷn.   **ROBYN LEWIS**

(*) Defnyddir y cyfuniadau "sh" a "tsh" yn *Geiriadur Prifysgol Cymru* [Gw: Tud. 1437, a Rhan XXXVII, tud. 2376.]

(**) Yn hytrach na defnyddio'r acen grom [^] mewn rhai geiriau, arferwyd y collnod [']. Felly: *ca'l* (câl/cael); *da'th* (dâth/daeth); *lo's* (lôs/loes); *lla'th* (llâth/llaeth); *'mla'n* (ˊmlán/ˊmlaen); *o's* (ôs/oes); *stra'n* (strân/straen); etc. Eithr glynwyd wrth y sillafiad *"mâs"*, ragor na *"ma's"/"maes"/"i maes"*. O safbwynt collnodau yn gyffredinol, yn unol â'r dull cyfoes o sillafu Cymraeg llafar, hepgorwyd pob un a fernid yn ddianghenraid. Felly: *clytia* (clytia'/clytiau); *ītha* (ˊitha'/eithaf); *rydw* (ˊrydw/yr ydwyf); etc. Ond: *'ala* (hala); *s'ma'i?* (sut mae hi?); etc.

5

CYFYSTYRON

Pwysleisio'r amlwg, debyg, ydyw nodi mai dim ond ystyron *gwahanol* y bwriedir eu dangos yn yr Eirfa hon. Pan fo gair neu ymadrodd yn gyfystyr ym mhobman, afraid yw dweud nad oes pwrpas ei restru. Eithr o bryd i'w gilydd, ceir i eiriau sy'n hollol gyfarwydd ac sy'n ddigon cyffredin eu defnydd ym mhob rhan o'r wlad, rai ystyron tra gwahanol i'w gilydd o ardal i ardal. Pan ddigwydd hynny, y gwahaniaethau yn unig a amlygir yma: ni ddeuid byth i ben pe rhestrid y cyfystyron, gan fod y rheini'n lleng. Wele enghreifftiau o rai geiriau a restrir yn yr Eirfa, eithr ynghyd â'r ystyron sy'n gyfarwydd ym mhobman:

bach	=	mân
bwrw	=	tywallt metel tôdd
byth	=	yn dragywydd
diflas	=	anniddorol
iau	=	1. gormes; 2. gwarrog ychen
moddion	=	oedfa grefyddol
yn feddw gaib	=	wedi meddwi nes methu sefyll

BYRFODDAU

be	-	berf	*gw:*	-	gweler
casgl:	-	casglwyd	*[a gw:*	-	a gweler]
cf:	-	cymharer	*h.y.,*	-	hynny yw,
eb	-	enw benywaidd	*hef:*	-	hefyd
eg	-	enw gwrywaidd	*ll:*	-	lluosog
en	-	enw	*S:*	-	Saesneg *neu* o'r Saesneg
etc.	-	ac yn y blaen	*weith:*	-	weithiau

RHAN I
[DEHEUOL-GOGLEDDOL]

DEHEUOL	GOGLEDDOL

A

â beth o'dd e	- ag (yr) oedd o
so'r cof cystal â beth o'dd e	- dydi'r cof ddim cystal ag (yr) oedd o/ag y buo fo
abothu [*gw:* "amboutu"]	
acsiwn	- ocsiwn
acha [ar uchaf]	- ar, ar gefn, efo, â
acha wew, acha slant	- ar osgo, yn wyrgam
cario acha bwced	- cario gyda (mewn) bwced
mae e acha ceffyl	- mae o ar geffyl/ar gefn ceffyl
'achan! 'chan! [fachgen!] [*a gw:* "ẁ"]	- 'achan! 'achgan!
rhaid ti 'weud wrthi, 'chan	- rhaid i ti dd'eud wrthi hi, 'achan/'achgan

[Yn y De, ac eithrio ambell ardal lle ceir "*los*" (lodes), defnyddir "'*achan!*" wrth ddynion a merched fel ei gilydd: yn y Gogledd, cyfyngir ef i wrywod yn unig (*cf: "hogia*" ym Môn, a all fod yn gwtogiad naill ai o "*hogia lancia*" neu o "*hogia merched*").]

ache [achau]	- peth amser
ers ache	- ers peth amser, ers tro byd
achub mantes ar (rywun)	- cymeryd/cymryd/cym'yd mantais ar (rywun)
achwyn	- cwyno
achwyn amboutu fe	- cwyno yn 'i gylch o
achwyn	- cwyno (gan afiechyd), teimlo'n sâl
afradu, bradu	- gwastraffu
afradu amser	- gwastraffu amser, tindroi
afu	- iau
angladd	- c'nebrwn [cynhebrwng]

[Yn y Canolbarth, dywedir "*cligieth*" (claddedigaeth).]

ailwampo	- ailwampio

DEHEUOL	GOGLEDDOL
'ala [*gw:* "hala"]	
alla i byth	- fedra i ddim
alla i byth 'i 'neud e	- fedra i mo'i 'neud o
allwedd	- 'goriad [agoriad]
am yn ail	- bob yn ail
amboutu/abothu/aboutu/'bytu/	
ymbytu [ambeutu = ar bob tu/	
ar bob ochr]	- am/amdan, yng nghylch, o gwmpas
amboutu beth?	- ynghylch beth?
amboutu fe	- amdano fo, o'i gwmpas o, yn
	'i gylch o
becso amboutu ti	- poeni yn dy gylch di
brolio amboutu fe	- 'i frolio fo
hongian 'bytu	- hongian o gwmpas
ma' rhywbeth hoffus amboutu fe	- mae 'na rywbeth hoffus yn 'i
	gylch o/o'i gwmpas o
mae'n 'boutu dri o'r gloch	- mae hi tua thri o'r gloch
sdim dou amboutu'r peth	- sdim dwy waith amdani
'whare amboutu 'da 'i wraig e	- chwara o gwmpas efo'i
	wraig o
wy' i 'bytu starfo	- rydw i bron â llwgu [newynu]
ymbytu'r lle	- o gwmpas y lle
amcan [*a gw:* "clem"]	- syniad
o's amcan 'da chi?	- oes gynnoch chi syniad?
sdim amcan 'da fi	- does gen i ddim syniad
amser	- amsar/amser
anal	- anadl
annel [o "anelu"]	- amcan
so'i annel e'n driw iawn	- does ganddo fo ddim llawar o
	amcan
anner	- heffar/heffer
anniben	- blêr
annibendod	- blerwch
shwd annibendod	- y fath flerwch, y fath lanast
annwd [annwyd]	- annwyd

DEHEUOL		GOGLEDDOL
ar bwys	-	wrth ymyl
ar 'y mhwys i	-	wrth f'ymyl i
ishte ar 'y mhwys i	-	stedda wrth f'ymyl i
ar glawr	-	ar gael, yn bod
ar 'i ben, cywir [*a gw:* "yn		
gwmws"]	-	yn union
dyma'r arian ar 'i ben/cwmws	-	dyma'r union bres
arffed/carffed [*a gw:* "côl"]	-	glin/côl
ishte yn f'arffed i	-	stedda ar 'y nglin i
1. arian [i'w wario]	-	arian, pres
yr arian cwmws	-	yr union bres, yr union swm
2. arian [y metel]	-	arian
arllwys	-	tywallt, tresio
arllwys te	-	tywallt/tollti te
arllwys y glaw	-	tywallt y glaw, tresio bwrw
mae'n 'i harllwys hi	-	mae'n tresio bwrw
arswyd! [Arglwydd!] arswyd mawr!		
arswyd y byd! [*ebychair ysgafn*]	-	argoledig! [Arglwydd bendigedig!]
		Rarswyd!
asgwrn i'w bigo 'da (rhywun)	-	asgwrn i'w grafu efo (rhywun)
awr fach	-	awran
bwrw rhyw awr fach ...	-	treulio rhyw awran ...
dim ond ychydig iawn o amser		
gymer/gym'rith hi	-	dim ond rhyw awran gym'rith hi
awydd [*gw:* "'whant"]		

B

bac, rownd y bac [*a gw:* "cefen"]	-	cefn, rownd y cefn [adeilad, etc.]
wy'n mynd mâs y bac	-	rydw i'n mynd allan i'r cefn
bacws	-	becws
bach	-	'mach i [fy mach i], 'mechan i
dere, bach	-	ty'd, 'mach i

[Yn aml, yn y Gogledd, clywir *"cariad"* a *"del"*.]

DEHEUOL		GOGLEDDOL
bachan, crwt, crwtyn, rhocyn	-	bachgan [bachgen], cog/cogyn, hogyn
bad	-	cwch
bad achub	-	cwch achub
bagla hi [*gw:* "hwpa dy gwtsh"]		
bant [i bant (pant)]	-	ffwrdd/i ffwrdd [ffordd = ymaith]
amser bant	-	amsar rhydd
bant â'r cart!	-	ffwrdd â ni!/chi!/nhw! etc.
cadw bant	-	cadw i ffwrdd, cadw draw
cymryd y bore bant (o'r gwaith, o'r ysgol, etc.)	-	cymryd bore rhydd
dod o bant	-	dod o ffwrdd
dowles i e bant	-	mi taflais i o i ffwrdd
rhedeg bant	-	dianc, rhedeg i ffwrdd
torri (rhywbeth, megis coes) bant	-	torri (rhywbeth) i ffwrdd
troi/torri'r dŵr/ffôn/nwy/ trydan bant	-	troi/torri'r dŵr/ffôn/nwy/trydan i ffwrdd
wy'i bant (nawr)	-	rydw i'n mynd (rŵan) [*h.y.,* rŵan hyn, yn syth bin]
bara menyn	-	bechdan/brechdan, bara menyn
toc o fara menyn	-	brechdan [un dafell, un frechdan]
bariwns [*a gw:* "sticil"]	-	camfa
barlys	-	haidd
basged	-	basgiad [basged]
basn/basin/baswn	-	desgil [dysgl], powlan/powlen
basned [basnaid]	-	dysglad [dysglaid], powlennad [powlennaid]
becso [*S: vex*]	-	hidio, malio, poeni
becso shwd gymaint	-	poeni cymaint, poeni fel yna
paid ti becso, gw-boi	-	paid ti â phoeni, 'washi
sneb yn becso dam	-	does neb yn malio botwm corn/yn hidio'r un ffeuan
wy'n becso ymbytu ti	-	rydw i'n poeni yn dy gylch di

[**Mewn rhannau o'r Gogledd, dywedir *"mae o'n gwaedu i mewn yn arw"* am rywun sy'n becso/poeni yn ddistaw ynddo'i hun.**]

12

DEHEUOL		GOGLEDDOL
bennu/dibennu, cwpla	-	darfod, diweddu, gorffan/gorffen, terfynu
bennu 'da ti/bennu 'da'n gilydd [sboner a wejen]	-	gorffan/darfod efo chdi/gorffan efo'n gilydd [dau gariad]
bera gwair/bera wair, helm wair [*cf:* Ystalyfera]	-	tas wair
berem	-	burum
beth ma' fe/hi/nhw moyn [ymofyn]?	-	be' s'arno fo/arni hi/arnyn nhw isio [eisiau]?
beth sy 'da dyn i 'neud	-	be' fedar dyn 'neud/ be 'neith dyn?
beth sy' 'da ti?/be' s'da ti?	-	beth sy' gen ti?/be' s'gen ti?/s'gin ti?
beth 'nele fe/hi? beth 'nelen nhw?	-	be' 'nāi o/hi? be' 'naen nhw?
beth yw'r hàst?/beth yw'ch hàst chi?	-	be' 'di'r brys?
bihafio	-	ymddwyn, byhafio
bisgïen	-	bisged/bisgeden
bishi [*S: busy*]	-	prysur
yn fishi, rhy fishi	-	yn brysur, rhy brysur
blagardan	-	blagardio, tyfodi [tafodi]
blasu	-	ca'l/cael (*h.y.*, canfod) blas
mae hwn yn blasu fel plastig	-	mae blas fel plastig ar hwn
blawdo	-	gwneud smonach [smonaeth], malu rhywbeth
rwyt ti wedi 'i blawdo hi	-	dyna ti wedi 'i g'neud hi
blewach	-	blewiach
1. blino [*a gw:* "cro's-gra'n"]	-	ymlâdd
2. blin [wrth ymddiheuro]	-	drwg [*h.y.*, tryblus, poenus]
mae'n flin 'da fi	-	mae'n ddrwg gen i
bob un jac wan	-	bob un wan jac

DEHEUOL	GOGLEDDOL

bob 'whip [chwip] stitsh
    [*S: stitch*]
	- bob munud neu ddau, bob yn ail
	     a pheidio

1. bobo ...
    bobo un, bobo ddau, bobo dri,
        etc.
	- fesul ...
	
	- fesul un, fesul dau, fesul
	         tri, etc.

2. bobo ...
    bobo un, bobo ddau, bobo dri,
        etc.
 	
   bobo beint
	- ... bob un
	
	- un bob un, dau bob un, tri bob
	         un, etc.
	- peint bob un

bocs bara	- bol, stumog
bodo/bopa/anti	- modryb/doda/anti

bola
   bolaheulo
   llond bola [wedi syrffedu]
	- bol
	- torheulo
	- llond bol

bo'lon wyt ti'n fo'lon?	- bodlon/boddlon - wyt ti'n fodlon?

bord [*ll:* bordydd]
   ar y ford
   ca'l 'i dra'd dan y ford
   dan y ford
   gosod y ford
   mae'r allweddi ar y ford
 	
    ond: Bwrdd yr Iaith Gymraeg
	- bwrdd [*ll:* byrddau]
	- ar y bwrdd
	- ca'l 'i draed dan [y] bẁr [bwrdd]
	- dan y bwrdd
	- gosod y bwrdd
	- mae'r 'goriada ['goriadau] ar y
	         bwrdd
	- Bwrdd yr Iaith Gymraeg

bore bach
   yn y bore bach
	- toriad gwawr, ben bora/bore
	- ar doriad gwawr/y wawr, yn gynnar
	         yn y bora/bore

bosto	- byrstio
boudy, glowty [gwaelod tŷ]	- beudy
bowlyd/bawlyd, brwnt	- budur [budr]
bradu [*gw:* "afradu"]	
bragan [*S: brag*] [ymffrostio]	- bragio, brolio

14

DEHEUOL		GOGLEDDOL
bragan i dy ffrinde	-	brolio wrth dy ffrindia
bragas [*gw:* llencyn]		
brawd mogi yw tagu	-	'run peth ydi ci a'i gynffon
brawl	-	ymffrost, brolio
brigawthan, brigawlan	-	baldorddi
brech yr ieir	-	y frech ieir
bripsyn	-	mymryn
dim bripsyn o ddiddordeb	-	dim mymryn o ddiddordeb
broga [*ll:* brogaid (brogaed)]	-	llyffant [*ll:* llyffantod, llyffaint]
brou [brau]	-	brau
brwnt [*a gw:* "budur"]	-	budur [budr]
bryntni	-	budreddi
llestri brwnt	-	llestri budron
budur/bidir	-	hynod, anghyffredin
bachan bidir	-	un hynod, tipyn o gymêr [cymeriad]
llifogydd bidir	-	llifogydd anghyffredin
busnesan	-	bysnesu, bysnesa [busnesu, busnesa]
bwa'r arch	-	enfys
bwci bo	-	bwgan
bwcwl	-	bwcwl, llwyddiant
dod i fwcwl	-	dod i ben (yn llwyddiannus)
bwgwth	-	bygwth
[1.] bwrw	-	curo, dobio, taro, dyrnu

[**Hefyd, clywir** *"golchi"* **ym Môn,** *"coedio"* **yn Llŷn ac Eifionydd, ac amryfal ffurfiau gwahanol mewn mannau eraill.**]

bwrw'r harn tra bod e'n dwym	-	taro'r haearn tra 'i fod o'n boeth

DEHEUOL		GOGLEDDOL
bwrw'r hoelen ar 'i phen	-	taro'r hoelen ar 'i phen
2. bwrw	-	taflu
bwrw pìp	-	taflu cip
bwrw'n ôl [gyda gwaith, etc.]	-	taflu'n ôl
bwrw (rhywun) yn ôl	-	taflu (rhywun) yn ôl
3. bwrw gole [golau]	-	fflachio mēllt [mellt], g'leuo dreigia [goleuo dreigiau]
4. bwrw 'mla'n	-	tynnu 'mlaen [mewn oedran], mynd i oed
rwy'n bwrw 'mla'n erbyn hyn	-	rwy'n tynnu 'mlaen erbyn hyn
bwyd ar y ford, rhoi	-	hwylio/hulio bwyd
bydde, bydde fe	-	basa, mi fasa fo [fe fuasai]
bydden, fe fydden i	-	baswn, mi faswn i [fe fuaswn]
byta	-	byta/bwyta

[**Ym Môn, yngenir** *"byta"* **â'r** *"y"* **dywyll (megis yr** *"y"* **yn** *"Cymru"*)**: ym mhobman arall defnyddir yr** *"y"* **olau (a yngenir fel yr** *"u"* **bedol). Yn y cyswllt hwn, dylid hefyd sôn yr yngenir** *"gyda"* **yn y De ag** *"y"* **dywyll tra yn y Gogledd yngenir** *"gyda"* **ag** *"y"* **olau - mae'r ynganiad Gogleddol yma yn adlewyrchu tarddiad y gair o** *"cyd â"* > *"gyd â".*]

byta bara iach	-	byw yn heini/mewn iechyd
byth	-	erioed
byth wedi bod yn Llanelli	-	erioed wedi bod yn Llanelli

C

câ' [*a gw:* "parc"]	-	cae
ca/caua/caued	-	cau
ca dy ben/caua dy ben	-	cau dy geg
cabẁtsh/carabẁtsh, annibendod	-	blerwch
drwy'r cabẁtsh i gyd	-	drwy'r blerwch/llanast i gyd
caca	-	carthion

1. "CŴN DIENED"

STAN BEVAN A DOREEN
[PHYLIP HUGHES A MARION FENNER]
"Jiw-jiw Doreen, ma'r cŵn strae yn galler bod yn ddiened tua Llanarthur 'na."

DEHEUOL	GOGLEDDOL
cacen, tishen [teisen]	- cacan/cacen, teisan/teisen
gwitho [gweithio] cacen/tishen	- gwneud cacan/teisan
cacynen/cacwn/gwenyn meirch	- cacwn, gwenyn meirch

[**Nid yr un peth yw** *"cacynen"* **a** *"gwenynen"*, **mae'n wir: mae'r** *gacynen* **yn drychfil gwyllt, ac yn fwy o faint na'r** *wenynen*. **Eithr ar lafar, tueddir i gymysgu rhyngddynt.**]

1. cader [cadair] [i eistedd]	- cadar [cadair]

[**Ym Mhenfro, ystyr** *"cadair"* **yw** *"crud(babi)"*. **Am** *"cadair"* **(i eistedd arni), dywedir** *"stôl"*. **(Eithr ni fu sôn am yr un Prifardd o Benfro wedi ennill "Stôl" yr Eisteddfod Genedlaethol!).**]

2. cader [cadair] [piw anifail]	- pwrs (buwch, caseg, dafad, etc.)
cadno [*ll:* cadnoid]	- llwynog [*ll:* llwynogod]
cafan	- cafn
tra'd yn y cafan	- traed yn y cafn

17

DEHEUOL		GOGLEDDOL
[1.] cafflo [*S: caffle*]	-	twyllo
[2.] cafflo	-	drysu, mwydro (rhywun)
ca'l 'i wared ...	-	ca'l/cael gwarad/gwared ar ... /o ...
ca'l 'i wared e/'i gwared hi/ 'u gwared nhw	-	ca'l gwarad/gwared ohono fo/ohoni hi/ohonyn nhw
ca'l lo's [cael loes (gloes)] [yn ffigurol a/neu yn gorfforol]	-	brifo
rhag ofan i ti ga'l lo's	-	rhag ofn i ti frifo
ca'l [cael] twymad, twymo	-	c'nesu [cynhesu], cael c'nesu, tw'mo [twymo]
caledu (dillad) [*gw:* "crasu"]		
camsynied	-	camgymryd
can [*gw:* "fflŵr"]		
car mīsh [mis] mêl	-	car priodas
câr [*S: care*], gofal	-	gofal
cymer gâr	-	cymer ofal
carabŵtsh [*gw:* "cabŵtsh"]		
caraits [*gw:* "garetsh"]		
carco	-	gofalu am ..., gwylio dros ...
carcus	-	gofalus, gwyliadwrus
bydda'n garcus	-	bydd yn ofalus, cymer ofal
cardota	-	begeran, cardota
cario clecs	-	hel straeon, cario straeon
carlibŵns [*gw:* "yn garlibŵns"]		
cart, gambo	-	cert, trol
carthen	-	blanced, gwrthban, cwrlid
casglu/clasgu	-	hel

DEHEUOL	GOGLEDDOL
cauad/caued/ca [be]	- cau
ca dy ben	- cau dy geg
1. cawl [saig cig, llysiau, etc.]	- cawl, potes, *weith:* lobsgows
2. cawl, cawlach, cawdel [yn ffigurol]	- cymysgfa, cybolfa, llanast [llanastr], "lobsgows"
halen yn dy gawl di!	- wfft i ti!
rhynto ti a dy gawl	- rhyngot ti a dy botes
cawlo	- gwneud llanast o ...
cecran/cecru	- ffraeo, cweryla
cecran 'da'n gilydd	- ffraeo efo'n gilydd
cefen [a gw: "bac"]	- cefn
cadw cefen y bachan	- cadw ar yr hogyn
ceibo [ceibio] [benglera]	- bustachu, poitshio [poitsio], rhygnu mynd
shw' ma' hi'n ceibo?	- sut mae petha'n mynd?
ceiliog/cilog y rhedyn	- sioncyn/sboncyn gwair
1. celficyn	- dodrefnyn, teclyn
2. celficyn	- rhywbeth diwerth
celfi	- dodran [dodrefn]
celwdd [celwydd]	- celwydd

[Yn Arfon, clywir *"clatshio clwydda"* = *"dweud celwydd yn gyson"*: hefyd *"palu clwydda".*]

ceser [cesair]	- cenllysg
cer i grafu!	- cer/dos i'r Diawl!
cer/cer o'ma! [cerdda (cerdded) oddi yma]	- dos, cer; dos o'ma!

[Weithiau, yn y Gogledd, clywir y lluosog *"doswch o'ma!"* (yn lle *"cerwch/ewch o'ma!"*). Dyma ffurf hollol anghywir, sy'n merwino clust ambell un.]

19

DEHEUOL	GOGLEDDOL
cer'ed o gwmpas â'i dra'd dan ei gesel/gesail	- cerddad o gwmpas â'i ben yn ei blu
cerddetan	- cerdded (yn ddiamcan)
cewyn [caw] [*ll:* cewynne (cewynnau)] so ti mâs o dy gewynne 'tō	- clwt [*ll:* clytia (clytiau)] (babi) - dwyt ti ddim allan o dy glytia eto
ci cynddeiriog	- ci gwallgo [gwallgof]
ci strae	- ci crwydrol, ci diarth [dieithr]
cic fel asyn	- cic fel mul
cico	- cicio
cig īdon/cig eid'on	- bīff [biff], cig eidion
cig moch	- bacwn/becyn
cigach	- darnau gwael o gig
cilo [cilio] [colli pwysau (oher-wydd afiechyd, etc.)] ma' fe wedi cilo	- gwisgo - mae o wedi gwisgo
cilog y rhedyn [*gw:* "ceiliog"]	
cino	- cinio
cīnog [ceiniog] [*ll:* cinoge [ceiniogau] gwerth cīnog	- ceiniog [*ll:* ceinioga (ceiniogau)] - cnègwa'th/cynegwarth [ceiniog-werth]
cintachlyd [ceintachlyd] [*cf:* "crintachlyd"] cintachu	- cwynfanllyd - hewian, swnian

[**Sylwer nad yr un yw ystyr** *"cintachlyd/ceintachlyd"* â *"crintachlyd"* = *"cybyddlyd, gorgynnil".*]

clapian	- cario clecs

DEHEUOL		GOGLEDDOL
clatsh	-	ar unwaith
dere 'ma glatsh	-	ty'd yma ar unwaith
1. clatshen [clatsien] [a gw: "crasen"]	-	bonclust, celpan, clewtan, clustan, ergyd
clatsho [clatsio]	-	taro
gei di yffach o glatshen 'da fi	-	mi gei di uffar' o glustan gen i/ mi ro i uffar' o beltan i ti
2. clatshen smart (menyw), pīshyn [pisyn]	-	hogan ddel/peth ddel, pìshyn [pisyn]
1. clatsho 'mla'n [gyda gwaith]	-	dyrnu arni
clatshwch chi 'mla'n â'r gwaith	-	dyrnwch arni efo'r gwaith, bwriwch iddi
2. clatsho 'mla'n [dyfalbarhau], bwrw 'mla'n	-	pydru 'mlaen
clatshwch chi bant	-	cariwch chi 'mlaen

[**Yn Arfon, clywir** *"clatshio clwydda'"* = *"dweud celwydd yn gyson"*.]

clau [*gw:* "clou"]		
clau/cnau [glanhau]	-	llnau [glanhau]
clawr	-	caead
ar glawr	-	ar gael, yn bod
clebran/cleber [*gw:* "cloncan"]		
be' ti'n glebran ambytu?	-	am be' goblyn wyt ti'n clebar/ clebran/malu?
dy gleber wàst [gwast] di	-	dy glebran gwag/ofer di
clefyd melyn	-	clwy melyn
clem [*a gw:* "amcan"]	-	syniad [*weith:* "clem" yn Arfon]
dim clem	-	dim syniad, heb syniad, di-glem
sdim lot o glem 'da hi	-	does ganddi hi'm llawer o syniad, dydi hi ddim llawer uwchben 'i phetha [pethau]
1. cleme' [clemau]	-	syniada' [syniadau]

21

DEHEUOL		GOGLEDDOL
pawb â'i gleme'	-	pawb at y peth y bo
2. cleme' [S: *posturing*]	-	stumia' [ystumiau]
gad dy gleme'	-	gad dy stumia'
1. cleren	-	bonclust, clustan, ergyd
2. cleren [*ll:* clêr]	-	pry' [pryf], pryfyn [*ll:* pryfaid (pryfed)]
cleren ar y wal	-	pry' ar y wal
clipad llygad [mesur byr o amser]	-	amrantiad, chwinciad, chwinciad chwannan
mewn clipad llygad	-	mewn amrantiad
clirach	-	cliriach
clogyrnedd [clogyrnaidd]	-	trwsgwl [trwsgl], cyntefig [am iaith, peiriant, etc.]
clonc [*gw:* "stop"]		
cloncan, cleber/clebran, lapan	-	clebran, cloncian, colstran, hel clecs, hel straeon, straella

[Yn Llŷn, clywir "*brwela*", ac yng Ngheredigion, "*brwelan*".]

DEHEUOL		GOGLEDDOL
clôs	-	buarth (fferm)
clywed rhagor	-	clywed mwy
sa i'n moyn clywed rhagor	-	dw i ddim isio clywed mwy
cnoi	-	brathu
ci yn cnoi	-	ci yn brathu
cnoi ewinedd	-	brathu gwinadd [ewinedd]
cnoi tafod [yn figurol a/neu yn llythrennol]	-	brathu tafod

[Clywir hefyd "*cnoi gwinadd*" yn Arfon.]

DEHEUOL		GOGLEDDOL
'co fe [dacw fe]	-	dacw fo
'co fe fan'co	-	dacw fo'n fan'cw
'co fi, ti, hi, ni, chi, nhw, etc.	-	dacw fi, ti (chdi), hi, ni, chi, nhw, etc.

DEHEUOL   GOGLEDDOL

[Mae'n ddiddorol nodi bod y geiriau *"dyma"* a *"dacw"* yn union gyfateb i'r ddeuair
Ffrangeg *"voici"* a *"voilà"*: ymddengys na fedd y Saesneg eiriau sy'n cyfateb mor
gysact.]

côl/cwêl, arffed/carffed   -   côl, glin
   ishte yn f'arffed i   -   stedda yn 'y nghôl i (ar 'y nglin i)

1. colfen   -   cangan/cangen, cainc [ar goeden]

2. colfen   -   coedan/coeden

conan   -   cwyno, grwgnach, swnian
   alla i byth conan [*mewn ateb i
   gwestiwn, megis:* "Sut mae'r
   busnes yn llwyddo?"]   -   fedra i ddim cwyno
   sdim iws conan   -   waeth heb â chwyno

conco mâs [peiriant, etc.]   -   torri i lawr, concio allan

conen, conachen (**eb**) [ceintachwr,
   grwgnachwr]   -   swnan/swnen, cwynwr

conyn, conachyn (**eg**) [ceintachwr,
   grwgnachwr]   -   cwynwr, swnyn

copis/copish   -   balog

cornel   -   congol [congl], cornal/cornel

corryn   -   pry' [pryf] copyn

costi   -   costio

1. còt [côt] [**ll:** cote (cotiau)]   -   côt [**ll:** cotia (cotiau)]

2. còt/coten   -   cweir, curfa

cowdel/cawdel   -   poitsh, cybolfa, anhrefn, llanast

crac, yn grac   -   dig/yn ddig, wedi gwylltio,
                                     wedi colli tymer, yn gandryll
   hala (rhywun) yn grac   -   g'neud (rhywun) yn gandryll,
                                       gyrru (rhywun) o'i go'
   ynfyd o grac, yn grac tân   -   wedi gwylltio'n gudyll/yn ulw/
                                       yn gandryll/yn gacwn [caclwm =
                                       1. dicllonedd; 2. ffured], wedi
                                       mynd yn holics/horlics glân

DEHEUOL		GOGLEDDOL
cracen/cacen	-	affliw, mymryn
sdim cracen o ots 'da fi	-	sdim affliw/blewyn/mymryn o ots gen i
crafad	-	crafiad
crasen [*a gw:* "clatshen"]	-	bonclust, clustan, ergyd
crasfa, còt/coten	-	cweir, cosfa, curfa, cwrbitsh [cwrbits]
crasu, caledu (dillad, etc.)	-	ērio/eirio, sychu, tempran (dillad, etc.)
creadur [*ll:* creaduriaid]	-	anifail [*ll:* anifeiliaid]
[1.] credu	-	meddwl
sa i'n credu	-	dw i ddim yn meddwl
[2.] credu	-	coelio, credu
sa i'n dy gredu di	-	dydw i ddim yn dy goelio di/dy gredu di
cricsyn	-	y bychan [am rywun], cricedyn
mor iached â'r cricsyn	-	cyn iached â'r gneuen
crigyn [*gw:* "crugyn"]		
crintachlyd [*cf:* "cintachlyd"]	-	cybyddlyd, gorgynnil
croen 'i din e ar 'i dalcen e	-	drwg 'i dymer
cro's-gra'n (o dymer) [croes-graen] [*a gw:* "blin"]	-	anfodlon
croten [*ll:* crots], rhoces [*ll:* rhocesi] [*a gw:* "crwt"]	-	hogan/geneth [*ll:* genod/gennod (hogennod)/genethod]
croten fydd hi [am fabi]	-	hogan fydd hi
croten fach	-	hogan bach/hogan fach, geneth fach
creulon [*a gw:* "brwnt"]	-	brwnt, creulon
cryd	-	braw
codi'r cryd arna i	-	codi braw arna i

2. "DISGHLED"

TAL JENKINS A DORA
[ERNEST EVANS AC OLIVE MICHAEL]
"So chi wedi dysgu 'to, Dora, tàw dwy lwyed o
shwgir fydda i'n lico mewn dishgled o de?"

DEHEUOL		GOGLEDDOL
1. crugyn [cruglyn] [ychydig]	-	mymryn bach, y nesa peth
		i ddim [*hef:* "criglyn" yn Arfon]
crugyn o gwsmeriaid	-	y nesa peth i ddim
		cwsmeriaid

[Yn Llŷn ac Eifionydd, dywedir *"ron bach/rom bach"* (gronyn bach).]

2. crugyn [llawer (twmpath)]	-	pentwr, cruglwyth
ma' crugyn o waith 'da nhw		
i'w 'neud	-	ma' gynnyn nhw bentwr o waith
		i'w 'neud

crwt/crwtyn [a *gw:* "bachan",		
"croten"] [*ll:* crots/cryts/		
crytiaid]	-	bachgan/bachgen [*ll:* bechgyn], hogyn
		[*ll:* hogia' (hogiau)]
crwtyn fydd e [am fabi]	-	hogyn fydd o
crwtyn ysgol	-	hogyn ysgol

[Ym Môn, defnyddir *"hogia"* am enethod hefyd.]

DEHEUOL	GOGLEDDOL
cryddia [gweithio fel crydd]	- crydda
cwarter [chwarter]	- chwartar [chwarter]
cwato	- cuddio/cuddiad
cwcan	- cwcio, coginio
cŵen [cywain] gwair [mynd â gwair o'r cae i das/helm, etc.]	- cario gwair
c'wiro [cywiro]	- trwsio
sdim c'wiro arno fe	- does dim trwsio arno fo
cwmer/cymer/cymra	- hwda [hwde], cymera
cwmoni [*gw:* "cymoni"]	
1. cwmpo [cwympo]	- syrthio, disgyn
cwmpo i gysgu	- syrthio i gysgu
2. cwmpo mâs 'da ...	- ffraeo efo ..., cweryla gyda ...

[Hefyd, yn y De, arferir *"bigitan"* i olygu *"cweryla (heb fawr achos)"*.]

3. cwmpo'n glatsh [clats]	- syrthio (dros ben a chlustiau) mewn cariad
cwmpodd/gwmpodd e/hi'n glatsh am ...	- mi syrthiodd o/hi dros ei ben/phen mewn cariad efo ...
Cwmrâg [Cymraeg] dwfwn [*h.y.*, cywir, pur, safonol, etc.]	- Cymraeg llyfr, safonol, etc.
Cwmrâg cerrig calch	- Cymraeg sâl
Cwmrâg gatre	- Cymraeg ffwr' â hi
Cwmrâg gwael	- Cymraeg sâl
cwmws [cymwys] [*a gw:* "yn gwmws"]	- hollol, union
yn gwmws	- yn hollol, yn union
cwnnu, codi	- codi
cwnnu/codi'n y bore bach	- codi ben bore
cwnnu'r/codi'r ffôn	- codi'r ffôn
cwpla [*gw:* "bennu"]	
cwpwl, cwplach	- ychydig, nifer fechan, dyrnaid

DEHEUOL	GOGLEDDOL
cwplach o nosweithe	- ychydig nosweithia, cwpwl o nosweithia, noson neu ddwy
cwpwl o weithe [gweithiau], siwrne neu ddwy	- unwaith neu ddwy, ychydig o weithia [gweithiau]
cwrcyn	- cwrcath/gwrcath
1. cwrdd/cwrdda [cwrdd â], cwrddyd	- cw̄r/gw̄r [cwrdd], c'warfod/cyfarfod
mynd i gwrdd ag e/i gwrddyd e	- mynd i'w gw̄r o/i'w g'warfod o/i gyfarfod â fo
2. cwrdd/y cwrdd	- cyfarfod, y capel
mynd i'r cwrdd	- mynd i'r capel
cwrdd â (rhywun)	- c'warfod/cyfarfod (rhywun)
cwrso [a gw: "raso"]	- rasio, ymlid, tshesho [tsesio] [S: chase], rhedeg ar ôl
cwrso ar yn ôl i	- tshesho ar fy ôl i
cwrso menywod	- rhedeg ar ôl merched, hel merched
cwt	- cwmffon/cynffon
'run peth yw gast a'i chwt	- 'run peth yw ci a'i gynffon
cwtsh/cwtsho	- cofleidio a rhoi maldod/mwytha [moethau]
cwtsh dan sta'r	- twll dan grisiau, sbens [S: dispense]
cŵyd lan, cŵyd e lan	- côd i fyny, côd o i fyny
cydied/cytied/citshio [cydio]	- gafael/cymryd gafael
cyfleu [gw: "rhoi drosodd"]	
cylleth	- cyllall [cyllell]/cyllath
cymer/cymra [gw: "cwmer"]	
cymoni/cwmoni [cymhennu]	- tacluso
Cymraeg [gw: "Cwmrâg"]	
cyn [gw: "mor"]	

DEHEUOL		GOGLEDDOL
cyn'rwg [cynddrwg]	-	cyn waethad [gwaethed]
cynhennu/c'nennu	-	ffraeo
cynnau/cynnu	-	golau/goleuo
cyson	-	rheolaidd
wy' i'n gyson fel watsh	-	mi dw i'n rheolaidd fel watsh

CH

[Noder bod llawer o eiriau Deheuol sydd â'u ffurfiau ysgrifenedig yn dechrau â'r llythyren *"ch"*, yn gollwng y gytsain honno yn eu ffurf lafar: megis *"chwap/'whap"*, *"chwech/'whech"*, *"chwerthin/'wherthin"*, *"chwith/'whith"*, etc. Gan mai'r iaith lafar y ceisir ei hatgynhyrchu yn bennaf yn yr eirfa hon, rhestrwyd y geiriau hynny - yn nhrefn y wyddor - yn ôl sillafiadau ysgrifenedig eu ffurfiau llafar: *'whap; 'whech; 'wherthin; 'whith;* etc.]

'chan [*gw:* achan"]

'chi'n-bod [chi'n gwybod] [*a gw:*
   ti'n-bod"]   -   'w'chi ['wyddoch chi]
   'chi'n gwbod beth?   -   'chi be'?/w'chi be'? ['wyddoch
                                      chi beth?]

chwel' [gellwch weld]   -   ylwch [gwelwch]

D

da	-	gwartheg, catel
[1.] 'da [gyda]	-	efo/hefo, gyda
'da fi	-	efo fi
'da ti	-	efo ti/efo chdi
'dag 'e/'da fe	-	efo fo
'da hi	-	efo hi
'da ni	-	efo ni
'da chi	-	efo chi
'da n'w/'da nhw	-	efo nhw
ro'n nhw 'da'i gilydd	-	roeddan nhw efo'i gilydd

	DEHEUOL		GOGLEDDOL

DEHEUOL		GOGLEDDOL
2. 'da [ym meddiant]	-	gan/gen/gin
'da fi	-	gen [gennyf] i
'da ti	-	gen [gennyt] ti
'da fe, 'dag e	-	gynno [ganddo] fo
'da hi	-	gynni [ganddi] hi
'da ni	-	gynnon [gennym] ni
'da chi	-	gynnoch [gennych] chi
'da n'w/'da nhw	-	gynnyn nhw [ganddynt hwy]
ma' 'da fi drên i ddala	-	ma'n rhaid i mi ddal trên
ma' 'da fi hawl gw'bod		
[gwybod]	-	ma' gen i hawl i w'bod/i ga'l
		g'wbod
ma' 'da fi waith i 'neud	-	ma' gen i waith i'w 'neud
ma' un 'da fi	-	ma' gen i un

[**Mewn ambell fan yn y Gogledd, fe ddywedir** *"mae efo fi un"*, *"mae un efo fi"*.]

DEHEUOL		GOGLEDDOL
dachreuodd [dechreuodd]	-	dechreuodd/mi ddechreuodd
dachreuodd e/hi lefen	-	mi ddechreuodd o/hi grïo
dadleth	-	dadmar [dadmer], meirioli
1. dal	-	gwybod
sdim dal be ffindan nhw	-	does w'bod be' ffeindian nhw
		allan
sdim dal pryd	-	does dim gw'bod pryd
2. gan bwyll! [S: *just a mo!*		
hold on!]	-	hanner munud!

[**Yn Llŷn a mannau eraill, clywir weithiau** *"dal dy ddŵr!"*, **a hyd yn oed yr erchyll** *"dal ar!"*.]

DEHEUOL		GOGLEDDOL
3. dala	-	dal, gafal [gafael]
dala dig	-	dal dig
dala lan 'da (rhywun)	-	dal i fyny efo (rhywun)
dala lladron	-	dal lladron
dala mâs [honni, maentumio]	-	dal allan
damo (fe)!	-	damia! daria (fo)!
damo shwd beth! daro shwd		
beth!	-	go damia fo! go daria fo! go
		drapia!
damshgel	-	sathru
pwy sy wedi damshgel ar dy		
gyrn di?	-	pwy sy wedi sathru ar dy gyrn di?

DEHEUOL	GOGLEDDOL

dansier/danjer — peryg(l)
dansierus/danjerus — peryglus

[Credir gan lawer yn y Gogledd mai camddefnydd ar eiriau Saesneg yw *"dansier"* a *"dansierus"*, a glywir mor aml ym Maldwyn, Ceredigion a'r De: gan hynny byddir yn synnu pan sylweddolir bod ffurf o'r gair *"dansier"* (*"dainssier"*) yn y Gymraeg mor bell yn ôl â 1586, a *"dansierus"* (*"dangerus"*) ym 1726. Gellir olrhain y ddeuair i'r Hen Ffrangeg, a chyn hynny i'r Lladin: yn yr un modd, dylid sylweddoli mai o'r Lladin y mae'r geiriau "Gogleddol" *"peryg(l)"* a *"peryglus"*, hwythau, yn tarddu.]

danto [*S: daunt*] — digalonni, torri calon
  wedi danto —   wedi digalonni, wedi torri calon

darn ladd/dàr' ladd — hannar/hanner lladd
  mi na i dy ddàr' ladd di —   mi [dy] hannar ladda i di

deall/dyall — dallt [deall]

1. dere!/der'! — tyrd!/ty'd!
  der' di!/dere di! —   tyrd ti!/ty'd ti!
  der' ma!/dere 'ma! —   tyrd yma!/ty'd yma!
  der' mâs!/dere mâs! —   tyrd allan!/ty'd allan!
  der' miwn!/dere miwn! —   tyrd i mewn!/ty'd i mewn!
  der' mla'n —   ty'd yn d'laen [tyrd yn dy flaen]

2. der' ...! [dyro!] — d'o ...! [dyro!], ty'd ...! [tyrd!]
  der' â dishgled i fi —   d'o mi banad, ty'd â phanad i mi

dewish [dewis] — dewis
  s'da fi ddim dewish i ga'l —   does gen i ddim dewis

diawch ario'd/erio'd! wel, y
  diawch ario'd! — dowadd/duwadd annwl [annwyl]! wel, myn coblyn i!

diben — pwrpas

dibennu [*gw:* "bennu"]

didoreth — afradus, gwastraffus

[Yng Ngheredigion, gall *"didoreth"* olygu *"ansefydlog/anwadal/cyfnewidiol/gwirion"*.]

diened [dienaid] — cās [cas]
  cŵn yn galler bod yn ddiened —   cŵn yn medru bod yn gās

diferyn — llymad [llymaid], dropyn [tropyn]

DEHEUOL	GOGLEDDOL
diflas	- annifyr
ītha [eithaf] diflas	- reit annifyr
o'n i'n twmlo'n ddiflas	
amboutu'r peth	- roeddwn i'n teimlo'n annifyr
	ynghylch y mater
diffyg traul	- camdreuliad
digon i'n 'ala i i lefen	- digon i 'neud i mi grïo
dillad yn stècs	- dillad yn wlyb
dim clem, dim amcan	- dim syniad, dim obadeia [S: idea]
dim lot [mewn ateb i gwestiwn	
megis: "beth wyt ti'n feddwl	
o ...?"]	- dim llawar/llawer
dim yn bod	- dim o'i le
sdim yn bod ar y bachan	- does dim byd o'i le ar yr hogyn
diolch yn dalpe [talpiau]	- diolch yn fawr/yn arw/yn dew
dishgled [dysglaid]/dished (o de)	
[a gw: "basned"]	- panad/paned [cwpanaid] (o de)
dishgled fach o de?	- panad bach o de?
1. dishgwl [disgwyl] [a gw:	
"erfyn"]	- aros, disgwyl
mae hi'n dishgwl [h.y., yn	
feichiog]	- mae hi'n disgwyl
wy'n dishgwl amdano fe	- rydw i'n aros amdano fo
2. dishgwl	- edrach [edrych], sbïo
dishgwl/shgwl/shgwla di	
yma ...	- edrach/drycha di yma ...
dishgwl 'ml'an	- edrach ymlaen
dishgwlwch/shgwlwch chi	
yma ...	- edrychwch/drychwch chi yma ...
isie dishgwl ar 'i ben e [i	
weld os yw yn ei bwyll], i'w	
ben e	- isio edrach ar ben (rhywun), ar
	'i ben o
ych chi'n dishgwl yn dda	- rydach chi'n edrach yn dda, mae
	golwg dda arnoch chi
dishmoli	- dilorni, pardduo

DEHEUOL		GOGLEDDOL
distrŵa/strywo [distrywio]	-	distrywio, difetha
disymwth	-	annisgwyl
fe dda'th e'n ītha disymwth	-	mi ddōth o'n reit annisgwyl
di'uno [dihuno]	-	deffro
wyt ti ar ddi'un?	-	wyt ti wedi deffro?
diwala, 'i-wala [*a gw:* "gwala"]	-	bodlon [wedi'i ddiwallu]
ma' fe'n reit 'i-wala nawr	-	dyna ddigon rŵan/mae o'n llawn rŵan

[Gall *"diwala"* hefyd olygu *"glwth"*, *"barus".*]

diwarnod [diwrnod]	-	dwrnod [diwrnod]
diweddar	-	hwyr
mae'n rhy ddiweddar	-	mae'n rhy hwyr
wyt ti'n ddiweddar	-	rwyt ti'n hwyr
yn ddiweddar ar y dydd	-	yn hwyr y dydd
dod i ben â ... [*gw:* "ymdopi"]		
dod draw â (rhywbeth)	-	dod â (rhywbeth) draw
dod i fwcwl [*gw:* "bwcwl"]		
does dim dou [dau], sdim dou	-	does dim dwywaith amdani, does dim amheuaeth, sdim dwywaith
does 'da ni ddim dewish i ga'l	-	does gynnon/ganddon [gennym] ni ddim dewis
dodi	-	gosod, rhoi
dannedd dodi	-	dannedd gosod
gwallt dodi	-	gwallt gosod
dodi pwyse 'mla'n, dodi stôn 'mla'n	-	rhoi pwysau, rhoi stôn, ennill stôn
dolur [*a gw:* "lo's"] [yn ffigurol a/neu yn gorfforol]	-	anaf, niwed, briw
ca'l dolur	-	cael anaf, cael niwed
ma' fe'n rhoi dolur iddi hi	-	mae o'n 'i brifo hi
neb wedi ca'l dolur	-	neb wedi brifo
rhoi dolur (i rywun)	-	brifo (rhywun)
y gwir yn rhoi dolur	-	y gwir yn brifo

3. "DWGYD YCH *PORRIDGE*"

CLEM A RITA
[GLAN DAVIES AC OLWEN MEDI]
"O'dd ych tad a Dora'n disghgwl mor drist — ofynnes i i'n nhw:
'Pwy sy' wedi dwgyd ych porridge chi'ch dou 'te?' "

DEHEUOL		GOGLEDDOL
dom [tom]	-	tail, baw
dou [dau]	-	dau
douddeg [deuddeg]	-	deuddag/deuddeg
drib-drab	-	bob yn damaid, fesul tipyn/'chydig

[Digwydd "*drib-drab*" hefyd, weithiau, yn y Gogledd.]

drewi fel bwchyn [*h.y.*, bwch gafr]	-	drewi fel gafr
drosto [wedi dod i ben]	-	drosodd
ma' fe drosto	-	mae o drosodd
drwyddo	-	drwodd/trwadd/trwodd
cer' drwyddo	-	dos drwodd
der' drwyddo	-	ty'd drwodd
mynd drwyddo	-	mynd drwodd
dryched 'mla'n, dishgwl 'mla'n	-	edrach/edrych ymlaen

33

DEHEUOL	GOGLEDDOL
drŷll [dryll]	- gwn, drỳll [dryll]
dŵa [deuaf]	- dôf
dwē [*gw:* "ddo''']	
dweud llai/gweud llai	- anghytuno
sa i'n dweud/gweud llai	- dydw i ddim yn anghytuno
1. dwfwn [dwfn]	- dyfn/tyfn [dwfn]
2. dwfwn	- dwys, pwysfawr
Cwmrâg dwfwn [cywir/pur]	- Cymraeg llyfr
dwgyd	- dwyn, lladrata

[Weithiau, clywir *"dwgyd"* hefyd yn y Gogledd a *"dwyn"* yn y De.]

DEHEUOL	GOGLEDDOL
1. dwl [penwan, ynfyd]	- gwirion
2. dwl/dwl bòst [wedi colli tymer]	- gwallgo [gwallgof], o'i go [cof]
elen nhw'n ddwl bòst sen nhw'n	-
gw'bod	- fe aen nhw'n wallgo/o'u coua/
	pe baen nhw'n gw'bod
3. dwl bòst	- hurt bōst
4. dwl bòst	- wedi mopio
wy' i'n ddwl bòst ambythdu ti	- rydw i wedi mopio amdanat ti/efo
	chdi
1. dwli [*en*]	- gwiriondeb
dwli dwl	- lol wirion, lol botas maip
dwli yw e, paid siarad dwli	- nonsens ydi o, paid â siarad lol
2. dwli [*be*], hurto	- ffoli, dotio, gwirioni
dwli ar ...	- gwirioni ar ..., dotio ar/at ...
roedd ta'-cu wedi dwli/hurto	- roedd taid wedi gwirioni
dwst	- llwch
fe fuodd e farw o'r dwst	- mi fuo farw o'r llwch
towlu dwst i lygad (rhywun)	- taflu llwch i lygad (rhywun)
d'wyno [difwyno]	- baeddu/maeddu
dyall/deall	- dallt [deall]

DEHEUOL		GOGLEDDOL
Dydd Iau	-	Dydd Iau, Difia'/Difiau [dyw Iau]
Dydd Iau Cablyd	-	Dydd Iau/Difiau Cablyd
Dydd Iau'r Drindod	-	Dydd Iau/Difiau'r Drindod
Dydd Iau'r Dyrchafael	-	Dydd Iau/Difiau [y] Dyrchafael

[Pan oedd yn fachgen yng Ngwynedd, clywai'r Awdur alw Dydd Iau yn *"Difia"* yn aml iawn: eithr ni chlywodd y gair ar lafar cyffredin ers blynddoedd.]

dyle/dylse [dylai, dylasai]	-	dyla/dylsa [dylai/dylasai]
dywedwst	-	cyndyn (o dd'eud [ddweud]), tawedog

DD

ddim fel'nny [*mewn ateb i:* "wyt ti'n flin?", etc.]	-	dim felly [*mewn ateb i:* "wyt ti wedi blino?", etc.]
ddo'/dwē	-	ddoe
bore ddo'	-	bora/bore ddoe
prynhawn ddo'	-	pnawn ddoe
ddw̄a i [fe ddeuaf i]	-	ddo' i
fe ddw̄a i'n ôl atoch chi 'whap	-	mi ddo' i'n ôl atoch chi mewn eiliad
ddyle fod c'wilydd [cywilydd] arnat ti	-	mwya'r c'wilydd [mwyaf y cywilydd] i ti

E

'e/fe [*gynt:* efē (efe)]	-	'o/fo [*gynt:* efô]
'ed/'fyd/hefyd	-	'fyd, hefyd
o'dd *e* 'na 'ed	-	roedd *o* yno hefyd
1. eger [egr] (tywydd)	-	calad/caled, egar/hegar [egr], garw/gerwin

DEHEUOL	GOGLEDDOL
2. eger [S: *eager*]	- dig'wilydd [digywilydd], hy' [hyf], powld [S: *bold*]
eithaf [gw: "ītha"]	
eitha maint, ītha mowr	- eitha mawr
enbyd	- difrifol
mewn stad enbyd	- mewn cyflwr difrifol
enwyn, lla'th enwyn, lla'th efrith [a gw: "lla'th"]	- llaeth, llaeth enwyn
erfinen/sweden	- meipan [meipen], rwdan [rwden], [ll: rwdins (S: *rootings*)], swejan [S: *swede*]
1. erfyn	- dymuno, bod eisiau/bod isio,
faint o arian wyt ti'n erfyn?	- faint o bres wyt ti isio?
mae'n erfyn i ni …	- mae'n dymuno i ni …, mae o isio i ni …
2. erfyn [a gw: "dishgwl"]	- disgwyl
faint o arian wyt ti'n erfyn?	- faint o bres wyt ti'n disgwyl [ei] gael?
ody e'n erfyn i fi dalu?	- ydi o'n disgwyl i mi dalu?
wy'n erfyn tyrfa dda	- rydw i'n disgwyl tyrfa dda
1. ers ache [achau]	- ers talwm, ers tro byd
2. ers meitin/meityn [munudyn]	- ers talwm [talm], ers meitin

[Fel arfer, cyfyngir *"ers meitin"* i ddynodi rhyw amser neu adeg blaenorol sydd, fel rheol, o fewn yr un diwrnod - bron yn ddieithriad dyna yw ei ystyr yn y Gogledd. Yn y De, sut bynnag, gall hefyd olygu rhyw amser neu adeg sylweddol yn ôl, lle dywedid yn y Gogledd *"ers tro byd"* neu *"ers talwm"*. Gellir pwysleisio pellter yr amser yn ôl trwy ddweud *"ers meitin bach"*: weithiau ceir ffurf gryfach eto, sef *"ers meitin iawn"* neu *"ers talwm iawn".*]

DEHEUOL	GOGLEDDOL
esgus	- cymeryd/cymryd/cym'yd arnaf/arnat/ arno, etc., smalio
paid esgus na wyddet ti ddim	- paid cymryd arnat/smalio na wyddet ti ddim
wy'n esgus credu …	- rydw i'n cymryd arna i gredu …
wna i esgus bod …	- mi gymera i arna bod …
ewn [eofn]	- hy' [hyf], powld [S: *bold*], dig'wilydd [digywilydd]
mynd yn ewn (ar rywun)	- mynd yn hy' (ar rywun)

36

DEHEUOL	GOGLEDDOL

F

falle [*gw:* "walle"]	
fan hyn/man 'yn [y fan hyn]	- fan'ma/fa'ma [y fan yma]
fan'ny [y fan hynny]	- fan'no [y fan honno]
1. fe/'e [*gynt:* efē (efe)]	- fo/'o [*gynt:* efô]
2. fe getho' i (rywbeth)/fe gēs i ...	- mi gēs i (rywbeth)
3. fe fe o'dd e	- mi - mi o'dd o/mi r'odd o [yr oedd o]
4. fe roia [mi roddaf i] fe roia i arian i ti	- mi ro i - mi ro i bres i ti
fel twlc (mochyn)	- fel cwt mochyn
'fyd [*gw:* "'ed"]	
fydda i'n ôl 'whap [chwap]	- mi fydda i'n ôl mewn/'mhen [ymhen] chwinciad/eiliad/dim

FF

ffaeledig crwt, etc. ffaeledig	- methedig - plentyn, etc. methedig
ffafar/ffafwr	- ffafr
ffald	- corlan, ffolt
ffaliwch/ffluwch yn ffaliwch	- teilchion - yn deilchion
ffilmo	- ffilmio

ffilu/ffaelu
    ffiles i
    ffilest ti
	- methu
	 - mi fethis/fethais (i)
	 - mi fethist/fethaist (ti)

DEHEUOL		GOGLEDDOL
ffilodd e/hi	-	mi fethodd (o/hi)
ffilon ni	-	mi fethon (ni)
ffiloch chi	-	mi fethoch (chi)
ffilon nhw	-	mi fethon (nhw)
ffindo [*S: find*]	-	ffendio/ffeindio, dod o hyd i ...
ffluwch [*a gw:* "ffaliwch"]	-	smonach [smonaeth]
g'neud ffluwch o 'ngwallt i	-	g'neud smonach o 'ngwallt i
fflŵr [*S: flour*], can	-	blawd
ffôl	-	drwg
ddim yn ffôl [*mewn ateb i:* "shw' ma'i?"]	-	dim yn ddrwg, go lew [*mewn ateb i:* "su' dach chi?/"su' ma'i?"]
so fe'n ffôl	-	dydi o ddim yn ddrwg
ffordo/ffwrdo	-	fforddio
ffowlyn/ffowlsyn	-	cyw iâr/ffowlyn
ffradach/ffladracs [methiant]	-	llanast, methiant
a'th 'i briodas e'n ffradach	-	a'th 'i briodas o'n llanast
eith y cwbwl yn ffradach dan yn (ein) dwylo ni	-	mi eith y cwbwl yn fethiant/yn deilchion dan yn (ein) dwylo ni
ffrimpan [ffreipan]	-	padall/padell ffrïo
ffroesen [*ll:* ffroes], pancosen [*ll:* pancos]	-	crampog/crempog, crempogen [*ll:* crempogau]
[1.] ffusto	-	dyrnu, taro, curo
[2.] ffusto	-	curo [megis "curo" ŵy] [*gynt:* ffusto = dyrnu ŷd]
[3.] ffusto [cael y trechaf ar (rywun)]	-	trechu
ffustodd y Cymry dîm y Crysau Duon	-	trechodd y Cymry dîm y Crysau Duon
ffwdan, gofid, picil	-	helbul, helynt, picil, strach, traffa'th [trafferth]
diffwdan	-	didraffa'th

DEHEUOL		GOGLEDDOL
miwn picil pert	-	mewn helynt go iawn
mynd i'r holl ffwdan	-	mynd i'r fath draffa'th
paid mynd i ffwdan, paid ffwdanu	-	paid â mynd i draffa'th, paid â thrafferthu
ffwdanu	-	trafferthu, ffysian/ffysio [S: fuss]
paid ffwdanu, paid mynd i ffwdan	-	paid â thrafferthu, paid â mynd i draffa'th
sa i'n ffwdanu gweud y gwir wrth yr Heddlu	-	fydda i ddim yn trafferthu d'eud y gwir wrth yr Heddlu
ffwlsyn [ffylyn = ffŵl bach]	-	ffŵl
ffwrn	-	popty

G

1. gadel [gadael] [ymatal rhag gwneud rhywbeth; hef: rhoi'r gorau i wneud rhywbeth]	-	peidio, rhoi'r gora i ...
gad dy ddwli	-	paid â bod yn wirion
gad (di) dy sebon nawr	-	paid (ti) â seboni
gad dy gelwydd!	-	paid â'u d'eud nhw!
gad dy gonan	-	paid â chwyno
2. gadel [gadael] i (rywun) fod	-	gadal [gadael] llonydd i (rywun)
gad fi fod	-	gad lonydd i mi
3. gadel [gadael] y gath mâs o'r cwdyn	-	gadal [gadael] y gath allan o'r cwd
galler (gwneud rhywbeth)	-	medru, gallu
galler gwynto rhywbeth o bell	-	medru ogleuo rh'wbath o bell
gambo [gw: "cart"]		
1. gan ...	-	ar yr amod ...
gan daw e'n ôl	-	ar yr amod y daw o'n ôl
2. gan ...	-	cyn belled ...

39

DEHEUOL		GOGLEDDOL
gan bo ni'n deall/dyall ein gilydd	-	cyn belled â'n bod ni'n dallt [deall] ein gilydd
3. gan, wa'th [oherwydd]	-	oherwydd, gan
gan taw fi dalodd, fi gaiff y fantais	-	oherwydd mai fi dalodd, fi gaiff y fantais
gan bwyll (nawr)	-	ara [araf] deg (rŵan)
gan bwyll bach	-	yn ara bach
garetsh [caraits]	-	moron, caraintsh
gât, clwyd, iet	-	giât, llidiart
gatre [gartref] [a gw: "tua thre"]	-	gartra [gartref], adra [adref]

[Yn y De, tueddir i orddefnyddio *"gatre/gartref"*: yn y Gogledd, tueddir i orddefnyddio *"adra/adref"* - y naill fel y llall, yn aml, heb fod yn ramadegol gywir yn ei gyswllt. Gwir ystyr *"adref"* yw (S) *"homewards"*: gwir ystyr *"gartref"* yw (S) *"at home"*. Mae gan yr Almaeneg, hefyd, dermau sy'n union gyfateb. Gellid felly: *"adref"* = *"tuag adref/homewards/nach Hause"*, a *"gartref"* = *"yn y cartref/at home/zu Hause"*.]

(chi) gās, gāth	-	(chi) gafodd
geino [S: gain = regain]	-	gwella [o afiechyd], confalesio, criwtio [S: recruit (hen ystyr)]
geire [geiriau]	-	geiria [geiriau]
getho i (rywbeth) [gw: "fe getho i"]		
gethoch [cawsoch]	-	geuthoch/gawsoch/gysoch [cawsoch]
gethoch chi amser da?	-	geuthoch/gawsoch/gysoch chi amsar da?
giâr [ll: geir (gieir)]	-	iâr [ll: ieir]
glased [gw: "gwydred"]		
glei/gwlei [goelia i] [a gw: "siŵr o fod"]	-	greda i; debyg
ody, glei	-	ydi, debyg

40

4. "DWL BÒST"

MEIRA A LLEW
[SARA McGAUGHEY A RHYS PARRY JONES]
"'Set ti ond yn gw'bod, Llew; wy' i'n ddwl bòst ambythdu ti!'"

DEHEUOL		**GOGLEDDOL**
glowty [*gw:* "boudy"]		
gobeitho/gobitho [gobeithio]	-	gobeithio
godde [goddef]	-	diodda [dioddef]
alla i ddim godde ...	-	fedra i ddim diodda ...
[1.] gofid [yn feddyliol a/neu yn gorfforol]	-	poen
wy'n dyall 'i gofid hi	-	rydw i'n deall pam mae hi'n poeni
[2.] gofid	-	traffa'th [trafferth]
achosi gofid i rywun	-	peri traffa'th i rywun
[3.] gofid	-	drwg
fe yw'r gofid	-	*fo* di'r drwg
goffod [gorfod]	-	gorod [gorfod]
gôl, ôl	-	ôl, hôl, hola [holau]

41

DEHEUOL		GOGLEDDOL
dishgwl ar 'i ôl e	-	edrach ar 'i ôl o
dishgwl ar 'i gôl hi	-	edrach ar 'i hôl hi
dishgwl ar 'u gôl nhw	-	edrach ar 'u hola nhw
golch/golchad	-	golchiad
gore [gorau] i gyd	-	gora [gorau] oll
gorweddach/gorweddan	-	gorweddian/gorfeddian
grêt	-	siort ora [orau], iawn, jehôi
wy i'n grêt	-	rydw i'r siort ora [mewn hwyliau]
grinda/gronda/grynda [gwranda]	-	gwranda
grindo/grondo/gryndo [gwrando]	-	gwrando
gwacáu	-	gwagio
gwadna hi [gw: "hwpa dy gwtsh"]		
gwādd [gwahadden]	-	twrch daear
gwael	-	sâl, drwg
wedi ca'l mīsh gwael [o safbwynt elw, etc.]	-	wedi cael mis sâl
gwala [a gw: "diwala"]	-	digon, llawnder
ma' fe'n reit 'i-wala nawr	-	dyna ddigon rŵan/mae o'n llawn
ma' fe'n rhoi fy nghynnig i yn y cysgod, reit 'i-wala	-	mae o'n rhoi 'nghynnig i yn y cysgod, yn sicr ddigon
gwared [gw: "ca'l 'i wared"]		
gwasod (buwch yn wasod)	-	yn gofyn tarw
gwa'th	-	gwaeth
gw'bod/gw'pod [gwybod] [a gw: "dal"]	-	gw'bod [gwybod]
gw-boi [S: good boy], wàs	-	'washi, 'ngwas i [fy ngwas i]
gw-gyrl [S: good girl]	-	'merch i, 'ngenath i
gronda di arna' i, gw-boi	-	gwranda di arna' i, 'washi
shgwla di 'ma, gw-boi	-	yli di yma, 'washi

DEHEUOL		GOGLEDDOL
gwd [S: good]	-	da
ma' fe'n gwd	-	mae o'n dda
gwêd ti … /os wyt ti'n gweud …		
[S: if you say so]	-	os wyt ti'n d'eud …/d'eud ti …
1. gweitho/gwitho [gweithio]	-	gweithio [cyflawni gwaith]
2. gweitho/gwitho [gweithio]	-	llunio [rhywbeth â llaw (megis dilledyn, teisen, etc.)]
gweud [dweud]	-	d'eud [dweud]
beth yw hwnna, gwêd?	-	be' di hwnna, dŵad?
gad iddo 'weud 'i 'weud	-	gad iddo dd'eud 'i dd'eud
gwêd, gwêd 'tho i	-	d'eud i mi, dŵad wrtha i
gwêd wrth dy frawd pan ei di tua thre	-	d'eud wrth dy frawd pan ei di adra
gweud llai	-	anghytuno
sa i'n gweud llai	-	dydw i ddim yn anghytuno
gwidw/widw	-	gweddw
gwishgo [gwisgo]	-	gwisgo
gwllwn [gollwng]	-	gwllwn/gillwn [gollwng]
gwneud esgus bod …	-	cymryd arno fod …, smalio
wna i esgus bod …	-	mi gymera i arna bod …
gwrcyn/cwrcyn	-	gwrcath/cwrcath, cath wrw [gwryw]
gwresogad	-	cynhesiad
gwsberis [cwsberins]	-	cwsberis [cwsberins]

[Yn y Canolbarth, dywedir "ffebrins".]

gwydred [gwydraid], glased [glasiaid]	-	gwydriad [gwydraid], glasiad [glasiaid]
gwylltu [a gw: "crac"]	-	gwylltio
gwylltu am ddim byd	-	gwylltio am ddim byd
gwylltu 'da (rhywun)	-	gwylltio efo (rhywun)

DEHEUOL	GOGLEDDOL
gwyn fel shīten [S: sheet]	- gwyn fel y galchen
gwynegon	- cricmala'/cry' cymala' [cryd y cymalau]
gwynegu	- cosi, gwrido
yn gwynegu drwyddo i gyd	- yn cosi/gwrido drwyddo i gyd
gwynt, sawr	- arogl [weith: arogl drwg], ogla
gwynt ffein	- ogla da, arogl da
jyst y peth i ladd gwynt y	
defed	- yr union beth i ladd ogla'r defaid
gwynto, sawru	- ogla/ogleuo, arogli, drewi
gwynto'n gas	- drewi
mae hwn yn gwynto	- mae hwn yn ogleuo/drewi
mae hwn yn gwynto fel tail	- mae ogla fel tail ar hwn
gyda [gw: "'da"]	
gynne [gynnau] fach [ychydig amser yn ôl]	- gynna [gynnau]

H

DEHEUOL	GOGLEDDOL
1. hala/'ala, bradu (arian)	- gwario, afradu (pres)
hala gormod mâs	- gwario gormod
2. hala/'ala	- anfon/gyrru
hala llythyr	- gyru llythyr
3. hala/'ala amser	- treulio amser
4. hala/'ala	- codi, peri
hala dyn i feddwl …	- peri i ddyn feddwl …
hala ofan	- codi ofn, peri dychryn
hala (rhywun) yn grac	- codi gwrychyn (rhywun)
hala (rhywun) yn benwan	- mwydro (rhywun)
halodd fi feddwl	- parodd i mi feddwl
halfor [helfawr]	- afradlon, gwastrafflyd
hastu	- brysio, rhuthro, styrio

DEHEUOL		GOGLEDDOL
hasta di, gw-boi!	-	styria, 'washi!
pidwch hastu pethe	-	peidiwch â rhuthro petha
hat [het]	-	het
mâs o'r hat	-	allan o'r het
haws gweud na 'neud	-	haws d'eud na g'neud
hedfan	-	fflïo
heddi/'eddi [heddi]	-	heddiw/hiddiw [heddiw]
1. hefyd [yn ychwanegol]	-	yn ogystal, hefyd
2. hefyd, 'whaith	-	chwaith
dda'th e ddim, hefyd	-	ddôth o ddim, chwaith
na finne, hefyd	-	na finna, chwaith
heibo/hibo [heibio]	-	heibio
hel esgusodion	-	hel esgusion
hewl [heol] [*ll*: hewlydd (heolydd)]	-	stryd [*ll:* strydoedd]
ar ben hewl [cardotyn, etc.]	-	ar gongol stryd
hewl ar y bla'n [*cf. S: streets ahead*]		
lan 'rhewl	-	ymhell ar y blaen
	-	i fyny'r stryd
yr hewl hyn	-	y stryd yma, y stryd hon
hido, becso	-	hidio
so fe'n hido dim am neb	-	dydi o'n hidio dim am neb
paid/pidwch becso	-	hidia/hidiwch befo
sa i'n hido, sdim ots 'da fi	-	dw i ddim yn hidio, sdim ots gen i
hired/mor hired	-	cy'd/cyhyd, cyn hirad/hired
mor hired â phader	-	cyn hirad â phadar/phader
holi a 'whilo	-	holi a stilio
holi fel pw̄ll y môr	-	holi'n ddi-baid, holi'n dwll
hosan [arian a gasglwyd a/neu a guddiwyd]	-	celc, hosan
ma' hosan deidi 'da fe	-	ma' gynno fo gelc taclus
houl [haul]	-	haul

45

DEHEUOL	GOGLEDDOL
hufen iâ	- hufen iâ [*weith:* hufen rhew]
hurto, dwlu	- gwirioni
o'dd ta'-cu wedi hurto	- roedd taid wedi gwirioni
wy' i'n dwlu arnot ti!	- rydw i wedi ffoli/gwirioni amdanat ti!
'hwdu [chwydu]	- chwdu [chwydu]
hwnco-manco	- nacw'n fan'cw
hwpa dy gwtsh, gwadna hi, bagla hi	
o'ma	- g'leua [goleua] hi, g'leua hi o' ma
hwpo [hwpio]	- gwthio, hwbio
hwpo (tipyn o) synnwyr i'w	
ben e	- gwthio, cnocio (tipyn o) synnwyr i'w ben o
hwpo whilber	- gwthio berfa
hwrdd	- maharan [maharen]
'hwrnu [chwyrnu]	- chwrnu [hwyrnu]
'hwthu [chwythu]	- chwthu [chwythu]
hyn	- hwn, hon, yma
fan hyn fan draw	- yma ac acw
y boi hyn	- y bachgan yma/hwn
y fenyw hyn	- y ddynes yma/hon
y lle hyn	- y lle yma/hwn

I

DEHEUOL	GOGLEDDOL
i fi	- i mi
iâ	- rhew
hufen iâ	- hufen iâ [*weith:* hufen rhew]
iar fach yr haf	- glöyn byw
ièt, clwyd, gât	- giât, llidiart
ifanca [ifancaf]	- ienga [ieuengaf]

DEHEUOL		GOGLEDDOL
ife? [yw e? (yw fe?)]/ife nawr?	-	ïa? felly? yn wir? [*S: indeed? is that so?*]

[Ceir ebychiadau o'r math yma mewn sawl iaith arall, megis yr Americaneg: *"you don't say?"*; y Ffrangeg *"vraiment?"*; a'r Almaeneg *"wirklich!"*. Yn y Gogledd, yn ogystal, clywir *"tâw!"* a *"tewch!"*, sydd hefyd yn mynegi syndod golau'r gwrandawr ynghylch yr hyn sydd newydd ei ddweud wrtho.]

ildo [rhoi lan]	-	ildio [rhoi i fyny]
iorwg	-	eiddew
llwyn iorwg	-	llwyn eiddew
ishel [isel]	-	isel
isheled	-	ised, cyn ised
ishelach	-	is
ishelaf	-	isaf
ishe/isie [eisiau], moyn [ymofyn]	-	angan [angen], isio [eisiau]
ishta/ishte [eistedd]	-	ista [eistedd]
ishte di	-	ista di, stedda di [eistedd di]
ishws [eisoes], yn barod	-	eisoes, yn barod
ïtha [eithaf] da, gweddol	-	go lew [glew], gweddol

J

ja'l [jael]	-	jêl, carchar
jengyd [dihengyd]	-	dengyd [dihengyd], dianc
jiw-jiw [*ebychair (ysgafn?)*]	-	Duw-Duw
jobyn/job	-	joban/job
jocan	-	cellwair, cogio, herian, smalio, tynnu coes
sa i'n jocan	-	dydw i ddim yn cellwair/tynnu coes

[Yng Ngheredigion, ystyr *"jocan"* yw *"caru"* neu *"esgus caru"* (â rhywun).]

DEHEUOL	GOGLEDDOL
jogan	- loncian, jogio
jogïan	- diogi
jonac [S: genuine]	- o ddifri [difrif]
wy'n jonac tro hyn	- rydw i o ddifri y tro yma/dydw i ddim yn cellwair y tro yma
joio/joyo [S: enjoy]	- mwynhau, enjoio
joio/joyo mâs draw	- mwynhau'n arw iawn/tu hwnt
jyst [S: just]	- bron [ymron], dest/jest

L

labwst mowr	- llabwst mawr/llabwst heglog crwmffast [crynffast] o hogyn
lan [i lan (glan), i'r lan]	- fyny, i fyny [i fynydd]
lan 'rhewl	- i fyny'r stryd
lan lofft/llofft	- i fyny'r grisia
lan sta'r [staer]	- i fyny'r grisia
lan 'y nhrwyn i	- i fyny 'nhrwyn i
tŷf lan, 'nei di	- tyfa i fyny, 'nei di
lap [siarad ofer]	- clebar
ca dy lap	- stopia glebar
'na lap sy 'dag e/'da hi	- mae o/hi'n rêl un am glebar
lapan [gw: "cloncan"]	
lapswchan/lapswcho	- rhoi sws-wlyb
lib-lab, fel pŵll y môr	- di-baid
cloncan yn lib-lab	- clebran yn ddi-baid
holi fel pŵll y môr	- holi'n ddi-baid
licen/licen i/licsen i [fe hoff-wn i]	- liciwn, mi liciwn i
lodes [ll: lodesi]	- hogan/geneth [ll: genod/gennod (hogennod), genethod], merch ifanc

5. "GRINDA!"

REG A MEGAN
[HUW CEREDIG A LISABETH MILES]
*"Grinda, Megan fach. Ma holl gleber gwag y Cynghorwyr Torïedd 'ma amboutu
'Lles ardal Cwmderi 'ma' yn ddigon i'n hala i'n grac!"*

DEHEUOL   GOGLEDDOL

lo's [loes], po'n [poen] [yn
    ffigurol a/neu yn gorfforol]
    [*a gw:* "dolur"]   - poen
ca'l lo's/po'n   - cael eich brifo (gan rywun)
chei di ddim lo's/po'n   - chei di ddim poen
ma'r gwir yn 'neud lo's yn aml   - mae'r gwir ym amal yn brifo

loshin/loshins [losin
    (*S: lozenge*)]   - fferis [fferins (*S: fairings* =
                                   pethau da o ffair)], da-da
                                     [melysion], minceg/minciag
                                   [*S: mint cake*], petha da

lŵeth/'lŵeth [eilwaith]   - drachefn

49

LL

DEHEUOL		GOGLEDDOL
llaca/llacs	-	mwd, baw lleidiog
llanw	-	llenwi
'i lanw fe	-	'i lenwi o
lla'th [llaeth] [*a gw:* "enwyn"]	-	llefrith
llecheden/llycheden	-	melltan/mellten
mynd fel llecheden	-	mynd fel melltan

[Ym Morgannwg, dywedir *"llecheten/llechetan"* yn yr ystyr *"dyrnod mellten"*.]

DEHEUOL		GOGLEDDOL
llefen [llefain]	-	wylo, crïo
llefen y glaw	-	beichio crïo, powlio crïo, wylo'n hidl
lleithder	-	tamprwydd
llencyn, glaslanc, bragas	-	llipryn, llafn, llefnyn, glaslanc
llencyn main, bragas	-	llipryn main
lletwhith [lletchwith], teimlo'n lletwhith	-	chwithig, embaras, teimlo'n embaras
llethr [*gw:* "rhiw"]		
llio	-	llyfu
llond bola	-	llond bol
llond cratsh [crats = caets, cawell] o ddiod	-	llond bol o ddiod

[Clywir *"catsh bara"* yn y Gogledd am fola neu stumog.]

DEHEUOL		GOGLEDDOL
llond pen [*a gw:* "pryd o dafod"]	-	llond ceg
ca'l llond pen	-	cael llond ceg
rhoi llond pen	-	rhoi llond ceg
llosg cylla [*S: heartburn*]	-	dŵr poeth
llouen [lleuen]	-	lleuan/lleuen
lludu	-	lludw

DEHEUOL		GOGLEDDOL
llwfwr, llyfwr [llwfr]	-	llwfr
llwydrew/ll'ydrew	-	barrug
llwyth	-	peth wmbradd [wmbredd]
llyfyr [llyfr] [*ll:* llyfre (llyfrau)]	-	llyfr [*ll:* llyfra (llyfrau)]

M

ma' 'da fi drên i ddala	-	mae'n rhaid i mi ddal trên
'ma fe	-	dyma fo
'ma fi, ti, hi, etc.	-	dyma fi, ti, hi, etc.
macsu (cwrw)	-	bragu (cwrw)
macsad	-	bragiad
macyn [*gw:* "nished"]		
mae'n debyg [*h.y.*, yn bendant]	-	mae'n ymddangos [*h.y.*, yn bendant]

[Yn y Gogledd, mae i "*mae'n debyg*" ystyr llawer llai pendant (sef (S) "*probably*").]

magïen	-	pry' tân, tân bach diniwed
1. maldod	-	mwytha [moethau]
maldodi	-	mwytho, rhoi mwytha
2. maldod	-	gweniaith, ffalster/ffalstra [*S: flattery*]
gad dy faldod	-	paid â gwenieithu, paid â ffalsio
magu tipyn o fân esgyrn (disgwyl babi cyn priodi)	-	disgwyl babi (cyn priodi), wedi bod yn y llwyn cyn bod yn y llan
malen, y falen	-	melan, y felan
malwoden	-	malwan/malwen
mam-gu	-	nain

DEHEUOL		GOGLEDDOL
man …/shwrne … [siwrnai]	-	cyn gynted â …
man/shwrne daw e'n ôl	-	cyn gynted ag y daw o'n ôl
man/shwrne daw hi gatre	-	cyn gynted ag y daw hi adra
1. man a man (i fi ddod, etc.)	-	waeth [ni waeth] (i mi ddŵad, etc.), dydi o nac yma nac acw
2. man a man …	-	cystal …
man a man i chi ddyall …	-	cystal i chi ddallt …
mân glebranach	-	hel dail, dili-do
man 'yn [y fan hyn]	-	fa'ma/fan'ma [y fan yma]
fan hyn fan draw	-	yma ac acw
marce [marciau]	-	tua
marce faint fydde fe'n gosti?	-	tua faint fydda fo'n gostio?
marce un o'r gloch	-	tua un o'r gloch
marce'r dwy fil 'na	-	tua dwy fil, tua'r dwy fil 'na
marce'r ffigwr 'na	-	tua'r ffigwr yna
march	-	stalwyn
marchus [(caseg) yn dymuno march]	-	gwynen [cf: gast yn "cwnna", buwch yn "wasod" (gofyn tarw)]
mâs [i maes]	-	allan [all-llan = tu hwnt i'r llan]
colli mâs ar y clecs	-	colli allan ar y straeon [sgandal]
mâs o ddât	-	allan o ddêt
mâs o le	-	allan o'i le
mâs o'r cawl, o'r twll	-	allan o drybini, o'r helbul
tori mâs (o'r seiat, etc.)	-	torri allan
tu fâs	-	tu allan
mâs draw	-	tu hwnt, yn arw iawn
joio/joyo mâs draw	-	mwynhau'n arw iawn/mwynhau tu hwnt
mâs law [maes o law]	-	toc, cyn bo hir
wela' i di mâs law	-	wela' i di toc/cyn bo hir
matryd [be] [ymddihatru]	-	tynnu dillad
dy fatryd di	-	tynnu amdanat [oddi amdanat]
meddw [gw: "yn feddw"]		
meipen [ll: maip]	-	rwdan [rwden] [ll: rwdins

DEHEUOL	GOGLEDDOL
	(S: rootings)]
mên [S: mean]	- cybyddlyd, gorgynnil
mencyd [benthyg/menthyg]	- benthyg/benthyca/menthyg [benthyg/ menthyg]
menyw [ll: menŵod (menywod)]	- merch (ll: -ed), dynas [dynes]
fenyw!	- 'merch i! [S: woman!]
mingi-mongam/wingi-wangam	- igam-ogam/miga-moga
mīsh [mis]	- mis
Mīsh Bach	- Mis Chwefror
mishtir [meistr]	- mistar [meistr]
miwn [mewn]	- i mewn
cer' miwn	- dos i mewn
der' miwn	- ty'd i mewn
mochedd [mochaidd] [a gw: "brwnt"]	- budur [budr], mochynnaidd
moddion	- ffisig, meddyginiaeth
moelyd/mhoelyd [ymhoelyd] y cart	- troi'r drol
mogi	- mygu
brawd mogi yw tagu/'run peth yw gast a'i chwt	- 'run peth ydi ci a'i gynffon
mor	- cyn, mor
mor ddu â'r frân	- cyn ddued â'r frân
mor glir â houl ar bost	- mor glir â haul ar fryn
mor las â'r môr	- cyn lased â'r môr
mowr [mawr]	- mawr
mowredd [mawredd] (annwyl)!	- bobol annw'l! brensiach! [Brenin Annwyl!/Mawr!], yr argian fawr!
moyn [ymofyn], isie [eisiau]	- isio [eisiau]
mwgyn	- smôc, mygyn
1. mwlsyn [rhywun gwirion]	- asyn, mul [hef (gynt): "mwlsyn" yn Arfon]
y mwlsyn dwl, y twpsyn	- y ffŵl gwirion

DEHEUOL	GOGLEDDOL
2. mwlsyn [rhywun stwbwrn]	- gingron [cingron], penci
hen fwlsyn yw hwnna hefyd	- hen gingron/hen benci ydi hwnna hefyd
mwmblach, bwyta geire [geiriau]	
[*h.y.*, siarad yn aneglur]	- mwmian/mwngian, siarad drwy'r trwyn
mwydyn	- pry' [pryf] genwair
mynd am wāc/wâc [*S: walk*]	- mynd am dro
mynd am wāc/am reid yn y car	- mynd am dro/am reid yn y car

[Yn rhesymegol ddigon, tynnodd un o'r Golygyddion i sylw'r Awdur mai ystyr *"wāc"* yw *"cerdded"*. Ac felly na ellir mynd am *"wāc"* mewn car. Digon gwir. Y rheswm y cynhwyswyd yr ymadrodd yn y ffurf yma oedd ar sail tystiolaeth y diweddar hen wag, y Doctor D. Tecwyn Lloyd, a sgrifennodd at yr Awdur: "Un o'r dywediadau odiaf yng ngorllewin Sir Gâr oedd - ac yw - *'mynd am wāc yn y car'*. Mae'n gwneud i chi feddwl am gar heb lawr, a'r teithwyr yn rhedeg ar wyneb y ffordd drwyddo!" Serch hynny, fe'i defnyddir.]

mynd o fla'n gofid	- hel bygythion, mynd i gw̄r [gwrdd] gofidia/petha
mynd off 'i ben	- mynd yn wirion bōst
mynte	- medda [meddai]
mynte' fi, ti, fe, hi, etc.	- meddwn i, medda ti, fo, hi, etc.

N

'na [dyna] beth wnelen *i*	- dyna be' faswn *i*'n 'i 'neud/dyna be' 'nawn *i*
na 'dy [nac ydyw]	- nag 'di/nac 'di
na 'dyn [nac ydynt]	- nag 'dyn/nac 'dyn
'na [dyna] ddiwedd arni!	- dyna ben arni hi! dyna fo!
'na i gyd [dyna i gyd]	- dyna'r cwbwl [cwbl]
nage .../dim ...	- nid ...
nage/dim ar 'whare bach	- nid ar chwara bach
nage/dim fel yna mae	- nid fel yna mae

DEHEUOL	GOGLEDDOL
nage/dim 'na'r pwynt	- nid dyna'r pwynt
nawr [yn awr] fydda i 'da chi nawr [*mewn siop, etc.*]	- rŵan [yr awr hon] - mi ddo' i atoch chi rŵan
neges	- negas/neges
neis (am rywun) [hawddgar, hoffus]	- clên [*S. Canol: clene (=clean)*]
^{1.} nêt/net [*S: neat*] bachan nêt	- hoffus, golygus - bachgen hoffus/golygys
^{2.} nêt/net gweld yn nêt	- clir - gweld yn glir
^{3.} nêt/net fe neith y pwll nofio'n nêt	- difai, iawn - mi wnaiff y pwll nofio'n ddifai
newynu, starfo	- llwgu [llwgu, llewygu]
nished [neisied] (poced), macyn [**Ym Môn, dywedir "ffunan bocad".**]	- cadach pocad/poced, hancas bocad/ hances boced
niwed sdim niwed miwn ca'l amser bant	- drwg - does dim drwg mewn ca'l amsar rhydd
nosweth [*ll:* nosweithe/noswithe (nosweithiau)]	- noson [*ll:* nosweithia (nos- weithiau)]

O

oboutu [*gw:* "amboutu"]	
odw [ydwyf] odw a na 'dw	- ydw [ydwyf] - ydw a nag 'dw
ody [ydyw] ody a na 'dy [nac ydi]	- ydi [ydyw] - ydi a nag 'di

DEHEUOL	GOGLEDDOL

oefad [(m)oefad/(m)ofiad/nofiad]   -   nofio, ymdrochi
  mynd i oefad   -   mynd i nofio [*hef:* mynd i
                                  ymdrochi]

[Sylwer y defnyddir *"oefad"* **am** *"ymdrochi"* **yn ogystal (yn yr afon/y môr, etc., o'i wrthgyferbynnu â mewn baddon, etc. - nad yw o angenrheidrwydd yn cynnwys** *"nofio"***).]**

oerfel   - oerni

[Yn y Gogledd, ystyr *"oerfel"* **yw** *"annwyd"* **(S:** *chill***).]**

off 'i ben   - dim yn gall, gwirion bōst, o'i go'
  'ti off dy ben   -   dwyt ti'm yn gall
  'ti off dy ben, gwêd?   -   wyt ti'n gall, dŵad?

ôl [ymofyn, cyrchu]   - nôl
  fe ddẁa i i'r stesion i dy
    ôl di   -   mi ddo' i i'r stesion i dy nôl di
  mynd i 'ôl Megan   -   mynd i 'nôl Megan

on' te fe?/ontefe?/yndife?/'tefe?
  [onid e fe?]   -   yn' te? [onid e?]

on'd o's e?/yndo's e? [onid oes
  e?]   -   yn'd oes?/ynt' oes? [onid oes?]

[Yr ymadroddion *"isn't it?"*/*"isn't there?"*, **etc., yw'r Saesneg agosaf at ystyr y ddau ymadrodd uchod, 'debyg. Ond mae'r Ffrangeg** *"n'est-ce pas?"* **a'r Almaeneg** *"nicht wahr?"* **yn gyfystyr.]**

o'n swci   - oen ll'ẁath/llyweth

o'r   - oer

o's [*ateb i:* "a oes?"]   - oes

o's [bywyd, einioes]   - oes
  ers o's donci   -   ers oes mul/oes pys

os gwelwch [chi] fod yn dda   - os gwelwch yn [chi'n] dda
  os gweli [di] fod yn dda   -   os gweli'n [gweli di'n] dda

6. "GW-BOI"

ROD A SEÀN
[GERAINT OWEN A GWYN DERFEL]
*"Os clywi di am stwff yn ca'l 'i werthu am 'wharter y prish, Seàn,
der' di w'bod i fi, gw-boi!"*

DEHEUOL   **GOGLEDDOL**

P

paco	-	pacio
pango [llesmeirio]	-	llewygu
fe banges i	-	mi lewygais i
mewn pangfa	-	mewn llewyg
paid siarad dwli/yn dwp	-	paid â siarad lol/yn wirion, paid â malu awyr
pallu	-	cau [nacáu], gwrthod, methu [esgeuluso]
pallu codi	-	methu codi
pallu gweud	-	cau d'eud
pallu trafod	-	gwrthod trafod

[Yn ôl *Geiriadur y Gyfraith* (gan yr Awdur presennol, 1992), tud. 174, mae gan y tri term *"methu"*, *"esgeuluso"* a *"gwrthod"* - sef (S) *"fail"*, *"neglect"* a *"refuse"* - ystyron sydd, i bwrpasoedd cyfreithiol ymarferol, ond y dim yn gyfystyr.]

DEHEUOL		GOGLEDDOL
pam 'nny?	-	pam hynny?/pam felly?
pancosen [*gw:* "ffroesen"]		
parc [*ll:* perci]	-	cae [*ll:* caea (caeau)]
parco	-	parcio
paso [mynd heibio]	-	pasio
pawb â'i gleme' [clemau]	-	pawb at y peth y bo
peidwch/pidwch [peidiwch]	-	peidiwch
pelinie [penliniau]	-	penglinia/penna'glinia' [penliniau]
[1.] pen	-	ceg, hopran [hopren (*S: hopper*)] safn
ca dy ben, caua dy ben	-	cau dy geg, etc.
rhoi llond pen i (rywun)	-	rhoi ei hyd a'i led i (rywun), rhoi pryd o dafod i (rywun)
[2.] pen	-	pen
pen tòst	-	cur pen, gwayw yn y pen
mae 'da fi ben tòst	-	mae gen i gur yn 'y mhen
pendraphèn	-	pendramwnwgl
pentigili	-	yr holl ffordd
es i 'da fe pentigili	-	mi es i efo fo yr holl ffordd
penwan	-	gwirion
yn hala i'n benwan	-	fy ngyrru i'n wirion
perchen, bod [yn] berchen	-	bod piau, bod yn berchen
fi sydd berchen e	-	fi [sydd] pia' fo
pert	-	del, clws/tlws (tlos)
perth, clawdd	-	gwrych
[1.] pethach [petheuach], pethe	-	pethau
[2.] pethach/pethech [petheuach]	-	mân bethau, pethau diwerth
pīb	-	cetyn, pibell (ysmygu)
piben	-	peipen

DEHEUOL		GOGLEDDOL
pice bach, pice ar y ma'n [maen]	-	cacen gri
picil [*gw:* "ffwdan"]		
pido/peido	-	peidio
pìp	-	cip, golwg
cael pìp	-	cael cip/golwg
towlu pìp	-	bwrw cip
1. pīshyn [pisyn] [*ll:* pīshys (*S: pieces*)]	-	darn [*ll:* darnau], pìshyn [pisyn] [*ll:* pishia (pisiau)]
miwn un pīshyn	-	mewn un darn
2. pīshyn [*gw:* "clatshen"]		
planc, llechwan [llechfaen (ar gyfer pobi bara, etc.)]	-	gradall/grindil [gradell]
plentyn drygionus	-	my'ddrwg/m'wrddrwg [mawrddrwg]
pleto	-	pledio
plufiad	-	pluad
rhoi ītha plufiad iddyn nhw	-	eu pluo nhw go iawn
plufio	-	pluo
plufio eira/twrci, etc.	-	pluo eira/twrci, etc.
poerad	-	ffunud, sbit
yr un boerad	-	yr un ffunud, yr un sbit
popo mâs	-	picio allan
porcyn	-	noeth (lymun)
hanner porcyn	-	hanner noeth
menywod pyrcs	-	merched noeth/noethion
porfa	-	glaswellt/gwelltglas, gwair
torri porfa	-	torri gwair

[**Mae'n debyg y dywedid** *"torri porfa/gwair/glaswellt"* **am y lawnt, a** *"lladd gwair"* **am fedi llond cae (S:** *"to mow"***).**]

potsh	-	stwnsh [stwns], poitsh [poits], ponsh, mwtrin

DEHEUOL		GOGLEDDOL
pownd [S: *pound*]	-	pwys
hanner pownd	-	hanner pwys
pripsyn [bripsyn]	-	mymryn
dim pripsyn o ddiddordeb	-	dim mymryn o ddiddordeb
prīsh [pris]	-	pris
procad	-	proc
procad i'r tân	-	proc i'r tan
pryd	-	pan
pryd wy'n 'i weld e	-	pan wela i o
pryd o dafod [*a gw:* "llond pen"]	-	d'eud y drefn/rhoi hyd a lled
rhoi pryd o dafod i (rywun)	-	d'eud ei hyd a'i led wrth
		(rywun)/rhoi ei hyd a'i led
		i (rywun)/rhoi llond bol ...
prynhawn	-	p'nawn/prynhawn
pr'ynny [y pryd hynny]	-	yr adag/adeg honno
pwdryn	-	diogyn
y pwdryn (i ti)!	-	y diogyn! yr hen beth diog!
y pwdryn gŵr 'na sy 'da fi	-	y gŵr diog 'na s'gen i
pwllffacan	-	straffaglu
pwno	-	curo, taro
calon yn pwno	-	calon yn curo
pwno menywod	-	taro merched
pŵr dab	-	y cr'adur [creadur] bach
pwtru/pwdru	-	pydru
pwy ddiwrnod	-	y diwrnod/y dydd o'r blaen
pwy noswaith	-	y noson o'r blaen
pwy un?	-	pa un?/p'run?/p'un?
pwy sy wedi dy gnoi di? [*hef:*		
pwy sy wedi dwgyd ych *porr-*		
idge chi?]	-	pwy sy wedi troi'r drol? [*hef:*
		pwy sy wedi'ch rhoi chi oddi
		ar ych echal (echel)?]

DEHEUOL	GOGLEDDOL

[Clywir hefyd yn y Gogledd: *"Pwy sy' wedi byta'i uwd o?"*, *"Pwy sy wedi dwyn dy bwdin DI heddiw?"*; ac yn y Canolbarth: *"Pwy sy' wedi dwgyd dy gaws di?"*. A gw: *"moelyd y cart"* = *"troi'r drol"*.]

pyrcs, moch [*ll*]	-	moch
pysgota	-	pysgota, moerio

[Yn Nefyn, ystyr *"moerio"* yw pysgota'r gwaelod - megis dal lledod.]

pythewnos [pythefnos]	-	pythefnos

R

ragor [*gw:* "rhagor"]		
randibŵ	-	helynt a hannar/hanner
raso	-	rasio
rhedeg a raso	-	rhedag a rasio
reit 'i 'wala	-	yn sicir [sicr] ddigon
roia i [fe roddaf i] [*a gw:* "fe roia"]	-	rho i/mi ro i
roia i arian i ti	-	mi ro i bres i ti
rynt [*gw:* "rhyngto"]		

RH

rhaca	-	cribyn
rhacs jibidêrs/rhacs jiberîns		
[*S: shibereens*, de Sir Benfro]	-	rhacs gybibion [cyrbibion], racs mân
yn rhacs jibidêrs	-	yn rhacs gybibion, yn deilchion, yn yfflon
rhacso (perthynas â rhywun)	-	chwalu, teilchioni (perthynas â rhywun)

DEHEUOL	GOGLEDDOL
rhacso	- malu
rhacso ceir	- malu ceir
rhaffo nhw/'u rhaffo nhw [*h.y.*,	
celwyddau]	- rhaffu c'lwydda', 'u rhaffu nhw
rhagor	- bellach
chi yw'r unig un s'da fi ragor	- chi 'di'r unig un sy gen i
	bellach
newidith e ddim, ragor	- newidith o ddim, bellach
rhedeg bant	- dianc, rhedeg i ffwrdd
rhiw, llethr	- gallt
lan y rhiw	- i fyny'r allt
rhoces [*gw:* "croten"]	
rhocyn [yr hogyn] [*gw:* "bachan"]	
rhoi'n gro's [cyfleu]	- rhoi drosodd, cyfleu
rhoi neges yn gro's	- rhoi neges drosodd, cyfleu neges
rhoi yn wlych [*hef:* yn Llŷn]	- mwydo, ffrwytho, stwytho [ystwytho]
gadel i'r te roi	- gadal/gadel i'r te fwydo/
	ffrwytho/stwytho
rh'wbeth [rhywbeth]	- r'wbath [rhywbeth]
rhwydd	- hawdd
so fe'n rhwydd iawn	- dydi o ddim yn hawdd iawn
rhyngto/rhynt	- rhwng, cydrhwng
rhynt plant y dre a phlant y	
wlad	- rhwng plant y dre a phlant y
	wlad
rhyngto Denz ac Eileen	- rhwng Denz ac Eileen
rhyngto/rhyngton nhw a'i	
gilydd	- rhyngddyn nhw a'i gilydd

DEHEUOL		GOGLEDDOL
	S	

sa' di funed	-	aros am funud, aros funud
sa i wedi ...	-	dydw i ddim wedi ...
sa i'n gw'bod am *'nny*/am *'nny*, 'ed [hefyd]	-	dwn i'm be' am *hynny*/am *hynny*, chwaith
salw	-	hyll
sā'm	-	saim
sawl gwaith	-	lawar [lawer] tro/lawar i dro
sawru [*gw:* "gwynto"]		
sbarcen	-	gwreichionen, sbarc
sbo [does bosibl]	-	debyg

[Dywed rhai mai o'r S: *"suppose"* y daw *"sbo"*/*"sboso"*.]

sboner [*a gw:* "wejen"]	-	cariad [*S: boy-friend*]
sboner a wejen	-	dau gariad
sbwylo	-	difetha
sdim dal ...	-	does wybod ...
sdim dal be' ffindan nhw	-	does wybod be' ffendian nhw allan
sdim iws conan	-	waeth heb â chwyno
sdim lot o'n n'w ar ôl [does dim lot ...]	-	does dim llawar [llawer] ohonyn nhw ar ôl
sdim ots	-	does dim gwa'niath [gwahaniaeth], dio'm ots, does dim ots
sdim 'whant o gwbwl arna i	-	dydw i ddim isio [eisiau] o gwbwl
sefyll	-	aros
cân yn sefyll yn dy ben di	-	cân yn aros yn dy ben di
sefyll amboutu	-	aros o gwmpas
sefyll dros nos	-	aros dros nos
sefyll 'ma, wnei di?	-	aros yma, wnei di?

DEHEUOL		GOGLEDDOL
serfo fi'n/ti'n/fe'n/hi'n/ni'n/		
chi'n/nhw'n reit	-	eitha tro/eitha gwaith â fi/ti
		(chdi)/fo/hi/ni/chi/nhw
set ti'n moyn	-	tasa ti isio [pe baet ti eisiau]
sgoro (mewn gêm)	-	sgorio
sgrechen/sgrechan [sgrechain]	-	sgrechian
shangdifang [sang-di-fang] [*a gw:*		
"yn garlibŵns"]	-	r'wsud-r'wsud [rhywsut-rywsut]
shapa'i [siapa hi]	-	brysia, rho draed arni
shapwch 'i	-	brysiwch
shapo [siapo] stwmps	-	rhoi petha mewn trefn
mynd i shapo stwmps	-	mynd i roi 'i betha mewn trefn
shgwla [*gw:* "dishgwl"]		
shibwnsen [sibwnsyn] [*ll:* shibwns]	-	shibolsen [sibolen] [*ll:* shibols]
shiglad [siglad]	-	sgytwad [ysgydwad]
ca'l [yffach o] shiglad	-	cael [uffar' o] sgytwad
shiglo [siglo]	-	ysgwyd
ges i'n shiglo	-	mi gefais i fy ysgwyd
shiglo llaw 'da fe	-	ysgwyd llaw efo fo
shiglo'i gwt	-	ysgwyd ei gynffon
shime/shimle/shwmle [simnai]	-	simdda/shimdde [simdde]
shir [sir]		
Shir Gâr [Sir Gaerfyrddin]	-	Sir Gâr
shirobyn	-	meddw
shw' ma'i?/shwd ych chi?	-	s'ma'i?/su' ma'i?/ su' dach chi?
shwc/tshwc [siwg, jwg]	-	piser
shwd beth, ffasiwn beth	-	ffasiwn beth, rotsiwn beth [erioed
		ffasiwn beth]
weles i ario'd shwd beth!	-	welis i rotsiwn beth!
shwgir [siwgr]	-	shwgwr [siwgr]

64

7. "HALA GORMOD"

JACOB ELLIS A BELLA
[DILLWYN OWEN A RACHEL THOMAS]
"'Sdim lle 'da chi, Bella Davies, i 'weud 'tho i 'mod i'n hala gormod mâs yn y Deri!"

DEHEUOL	GOGLEDDOL
shiwps [siwps]/tshiwps [tshiwps]	- glân, llwyr, swp
wedi blino'n siwps	- wedi blino'n lân
1. shwrne [siwrnai] ..., man ...	- cyn gyntad/gynted ..., cyn gynted
	â ..., unwaith ...
shwrne/man daw e'n ôl	- cyn gyntad ag y daw o'n ôl
shwrne/man daw hi gatre	- cyn gyntad ag y daw hi adra
2. shwrne [siwrnai]	- unwaith
shwrne fues i 'na	- unwaith y bûm i yno
shwrne o'n nhw'n clywed ...	- unwaith yr oeddan nhw'n clywad...,
	unwaith y clywson nhw ...
shwrne neu ddwy	- unwaith neu ddwy
3. shwrne [siwrnai] [taith]	- shwrna [siwrnai]
shwrne wàst [gwast = di-fudd,	
ofer]	- shwrna seithug
sièw/shèw [siew]	- siōe/shōe [sioe]
siŵr o fod, glei [goelia' i]	- debyg [mae'n debyg]

65

DEHEUOL		GOGLEDDOL
ody, siŵr o fod	-	ydi, debyg
slaten	-	llechan/llechen
ar y slaten	-	ar y llechan
slej [S: sledge = gordd]	-	twpsyn
slowo, arafu	-	arafu, slofi
so chi wedi …	-	dydach chi ddim wedi …
starfo, newynu	-	llwgu
stên [ystên] [S: pitcher]	-	jwg (mawr)
sticil/sticill [a gw: "bariwns"]	-	camfa
stīlo	-	smwddio
hàrn stīlo	-	haearn smwddio/hetar smwddio
stop ar 'i glonc e, rhoi taw ar		
(rywun)	-	taw ar 'i biser o
stop ar 'i chlonc hi	-	taw ar 'i phiser hi
stop ar 'u clonc nhw	-	taw ar 'u piser nhw
stopo	-	stopio
stopo cryts i wmla' [ymladd]	-	stopio llancia gwffio
storïe [storïau] brwnt	-	straeon coch, straeon budron
strae	-	diarth [dieithr], crwydrol
ci strae	-	ci diarth/crwydrol
strywo [gw: "distrŵa"]		
stwbwrn	-	styfnig [ystyfnig], pengalad/
		pengaled
stwbwrn fel asyn	-	pengalad fel mul
stwbwrno	-	styfnigo/ystyfnigo
stwffo	-	stwffio
swagran/swagro [torsythu o		
swagro]	-	jarffio
swancen (eb)	-	jarff, jarffas/jarffes, swelan,
		peunes

DEHEUOL		GOGLEDDOL
swancyn (*eg*)	-	jarff
swnan [swnian]	-	swnian
swno	-	swnio
swno'n ddigalon	-	swnio'n ddigalon
sych fel cesail cath	-	sych grimp, sych fel cesail camal [camel]
synnen i damed [tamaid] [ni synnwn i damaid], synnen i fochyn	-	synnwn i ddim [ni synnwn...], synnwn i fymryn
sythu	-	rhewi, fferru
wy' i bytu sythu	-	rydw i bron â fferru/rhewi

T

ta beth	-	beth bynnag, sut bynnag [S: whatever]
ta beth 'nny	-	beth bynnag am hynny
ta beth yw e	-	beth bynnag ydi o [S: whatever it is]
ta ble	-	ble bynnag [pa le bynnag]
mynd ta ble	-	mynd i ble bynnag
ta p'un, ta p'un i, ta beth	-	beth bynnag, sut bynnag [S: anyway]
ta pwy yw e/hi	-	pwy bynnag ydi o/hi [S: whoever he/she is (may be)]
tad-cu/ta'-cu	-	taid
tafol	-	clorian
tafoli	-	cloriannu
tai mâs/teie mâs [adeiladau fferm]	-	bydái [beudái/beudai]
talu gan bwyll bach	-	talu fesul tipyn

DEHEUOL	GOGLEDDOL
tam/tamed [tamaid], pīshyn [pisyn]	- tamad [tamaid], darn, mymryn
tamed bach	- tipyn bach
tampan	- chwara Diawl, bod yn gynddeiriog
taro [*gw:* "curo"]	
tase	- tasa [petai, pe bai]
tasgu	- sblashio [sblasio]
tasgu/cwrso ar yn ôl i	- tsiesio ar fy ôl i [fy ymlid i]
tato	- tatw/tatws
crafu tato	- plicio tatws [*weith:* crafu tatws]
tàw [taw]	- mai
'wedest ti tàw Ifor o'dd e	- mi dd'wedist ti mai Ifor oedd o
tawn i'n glem! [clem = newyn, prinder] [*S:* = *well, I never!*]	- dawn/tawn i byth o'r fan! [pe nad awn i ...], dawn i'n gleman! dawn i'n marw! dawn i'n clemio!
'tefe? [*gw:* "on' te fe?"]	
tegil/tecyl	- teciall/tegell [tegell]
teidi/tidi, rhywun teidi	- go dda ei fyd, trwsiadus, blonegog
gwisgo'n deidi	- gwisgo'n daclus/dwt
ma' fe'n ītha tidi	- ma' eitha bloneg arno fo
ti	- chdi
'ti'n-bod ['ti'n gwybod] [*a gw:* "'chi'n-bod"]	- w'sti [wyddost ti]
'ti'n gw'bod beth?	- 'sti be'?/w'sti be'? [wyddost ti beth?]
'ti'n gw'bod be' s'da fi	- mi wyddost ti be' 'dw i'n feddwl/ olygu
tishen [*gw:* "cacen"]	
tithe	- titha/chditha [tithau]
'tō [eto]	- eto

DEHEUOL		GOGLEDDOL
sa 'i 'di weld e 'tō	-	dw i ddim wedi'i weld o eto
tocyn [o fara menyn]	-	bechdan/brechdan
tor, torraid [o foch]	-	torllwyth, ael
torrad da	-	golwg smart
mae 'na dorrad da arnat ti heddi	-	rwyt ti'n edrach yn smart heddiw/ rwyt ti'n torri cyt heddiw/mae 'na flewyn go dda arnat ti heddiw
torri dy fogel [eisiau rhywbeth]	-	torri dy fol
bron torri dy fogel	-	bron torri dy fol
o'dd e bron torri'i fogel isie ennill	-	roedd o bron torri'i fol isio ennill
torri bant [*gw:* "bant"]		
torri mâs [*gw:* "mâs"]		
torsythu [*gw:* "swagran"]		
1. tòst [tost]	-	sâl, bod â phoen/â chur
bola tòst, mae bola tòst 'da fi	-	poen yn y bol, mae gen i boen yn 'y mol
pen tòst, mae 'da fi ben tòst	-	cur pen, mae gen i gur yn 'y mhen
tostrwydd	-	salwch
2. tòst [tost = bara wedi'i dostio]	-	tōst [tost]
tosyn	-	ploryn
towlu/twlu	-	taflu, lluchio, bwrw
towlu arian bant	-	taflu pres i fwrdd
towlu dwst i lygad (rhywun)	-	taflu llwch i lygad (rhywun)
towlu pìp	-	bwrw cip
towlu rhywbeth bant	-	lluchio rhywbeth i ffwrdd
trafod (rhywbeth/rhywun)	-	trin
fentre fe mo'ch trafod chi fel mae e'n 'y nhrafod i	-	fentra fo mo'ch trin chi fel mae o'n 'y nhrin i
trafod lori gaca	-	trin lori garthion

DEHEUOL		GOGLEDDOL
trasho [trasio], rhacso	-	tocio, torri
trasho perth, clawdd, etc.	-	barbio, tocio/torri grwych/ clawdd,
rhacso 'mhriodas i	-	torri 'mhriodas i
trefen [trefn]	-	trefn
treial [*be*]	-	ceisio, trïo
o'dd e wedi treial 'i 'neud e	-	roedd o wedi trïo'i 'neud o
1. tr'eni [trueni]	-	piti/biti
teimlo tr'eni dros (rywun)	-	teimlo piti dros (rywun)
2. tr'eni, tr'eni mowr [gresyn o beth]	-	piti, piti garw
trigo	-	marw [anifail yn unig]
troi (rhywun) heibio [claddu corff marw]	-	rhoi (rhywun) i lawr
trowser/trwser	-	trowsus/trywsus
trwblu	-	trafferthu, peri traffa'th [trafferth]
mae'n flin 'da fi'ch trwblu chi	-	mae'n ddrwg gen i beri traffa'th i chi
trwco [*S: truck*, o'r *Truck Acts*]	-	ffeirio
trwco tocynnau	-	ffeirio tocynnau
tshèp/tshēp [tsiep] [*S: cheap*]	-	rhad
tshepach [tsiepach]	-	rhatach
tshiwps [*a gw:* "siwps"]	-	swp
wy'n tshiwps	-	rydw i'n swp sâl
tshopsian [tsiopsian] gormod	-	hel gormod o glecs, clebran gormod
tua [*gw:* "marce'"]		
tua thre/sha thre [*a gw:* "gatre'"]		
mynd tua thre	-	adra [adref]
	-	mynd adra
twba	-	twb

DEHEUOL	GOGLEDDOL
'tweld [ti'n gweld], weldi [weli di]	- yli [weli di]
twlc	- cwt/cyt
twlc mochyn	- cwt mochyn
twll iddyn nhw!	- i gythrel â nhw! i'r Diawl â nhw!
o un twll i'r llall	- o un helynt i'r llall
twp, ffôl	- gwirion, twp
gwneud rhywbeth twp	- g'neud rhywbeth gwirion
peth twp i 'weud	- peth gwirion i'w dd'eud
twpsyn [*ll:* twpsod]	- dwlyn, penbwl, ffŵl
mor dwp â slej [*S: sledge* = gordd]	- yn hanner pan, rêl pen dafad
twmlo [teimlo]	- teimlo
twmlo'r oerfel	- teimlo'r oerni
twsial	- tisian
twtsh	- cyffwrdd, twtshiad
twym	- cynnes
twymo [*a gw:* "ca'l twymad"]	- c'nesu [cynhesu], tw'mo [twymo]
twymo lan	- poethi
ma'r gêm yn dechre' twymo lan	- mae'r gêm yn dechra' poethi
tyle	- gallt, llethr, rhiw
tymer y diawl	- diawl o dempar
ma'r Diawl ar 'i gefen e	- mae o mewn diawl o dempar
tynnu drwy'r trash [cymeriad neu enw da rhywun]	- tynnu drwy'r baw/drain/mwd/llaid
tynnu co's	- tynnu coes

DEHEUOL		GOGLEDDOL

U

'u rhaffo nhw [*a gw:* "rhaffo"]	-	'u rhaffu nhw
ucen/ugen [ugain]	-	igian/ugian [ugain]
uchel	-	uchal/ychal [uchel]
ucheled	-	uchad/ychad [uched], cyfuwch
uchelach	-	uwch
uchela, ucha	-	ucha/ycha [uchaf]

W

| ẁ! [w!/ŵr!] [*ar ddiwedd brawddeg yn unig*] | - | 'achgan!/fachgan! [fachgen!] |
| dere 'mla'n, ẁ! | - | ty'd yn dy flaen, 'achan! |

[**Defnyddir "ẁ!" wrth ddynion a merched: megis "*man*" neu "*mun*" ar ddiwedd brawddeg yn Saesneg y De (serch mai o'r Gymraeg y daw'r rheini hefyd yn wreiddiol). Er gwaethaf ei ystyr llythrennol, nis defnyddir mwyach ond, bron, megis dim mwy nag atalnod llawn (.) neu ebychnod (!) ar ddiwedd brawddeg, a hynny heb ystyried ei ystyr. Gellir ei ddisgrifio fel ategair neu ebychair.**]

wâc [*S: walk*], am wâc	-	tro, am dro
cer mâs am wâc	-	dos allan am dro
mynd am wâc	-	mynd am dro
1. wado/whado	-	gwaldio/waldio, curo
wadodd Cymru dîm Lloegr	-	curodd Cymru dîm Lloegr
2. wado	-	cychwyn
wado bant	-	cychwyn arni
walle [efallai], falle	-	ẁrach [hwyrach], ella [efallai]
wastad/wastod [yn wastad]	-	wastad, bob amser, byth a hefyd
'weden i	-	dd'udwn i/dd'wedwn i [ddywedwn i]
wedyn/wedi'nny [wedi hyn/wedi hynny]	-	wedyn

8. "LAPAN"

TUSH A MAGGIE PÒST
[ISLWYN MORRIS A HARRIET LEWIS]
"Margaret! Rych chi wastad yn lapan fel pwll y môr, w!"

DEHEUOL		GOGLEDDOL
wejen [*a gw:* "sboner"]	-	cariad [*S: girl-friend*]
'wela i di marce dau	-	'wela i di tua'r dau 'ma
weldi [weli di], 'tweld [ti'n gweld]	-	yli/yldi [weli di]
well i fi fwrw ati	-	mae'n well i mi ddechra arni
'weth [unwaith (eto)]	-	drachefn, unwaith eto
'whaith	-	chwaith [ychwaith]

[O safbwynt geiriau a sillefir ag "CH" ond a yngenir â "'WH", gweler y nodyn sy'n dilyn pennawd y llythyren "CH", ar dudalen 28 (uchod).]

'whâl [chwâl]	-	chwâl
ar 'whâl	-	ar chwâl
'whalu baw	-	malu awyr

73

DEHEUOL	GOGLEDDOL
'whalu meddylie [meddyliau]	- hel meddylia [meddyliau]
'whalu'n shitrwns [sitrwns]	- chwalu'n deilchion/malu'n deilchion
'whant [chwant], awydd	- blys, bod isio [eisiau], awydd
ma' 'whant bwyd arna i	- rydw i isio bwyd
ma' 'whant dishgled arna i	- rydw i flys cael paned
sdim lot o 'whant mynd i'r	
gwaith arna i heddi	- s'gen i'm llawar o awydd mynd i'r
	gwaith heddiw/i weithio heddiw
'whap	- chwap, mewn eiliad, ymhen dim
'wha'r [chwaer] [*ll:* 'whiorydd	
(chwiorydd)]	- chwaer [*ll:* chwiorydd]
'whare [chwarae]	- chwara/chware [chwarae]
'whare amboutu/'bytu	- chwara o gwmpas, chwara' mîg
'whare plant bach	- chwara plant
'whare teg	- chwara teg
'whare wìc wew	- ffwti ffatian, chwara mîg
'whare'n troi'n 'wherw	- chwara'n troi'n chwerw
'whech	- chwech/chwe
'whech o'r gloch	- chwech o'r gloch
'whech llyfyr	- chwe llyfr
'wherthin	- chwerthin
'whibanu [chwibanu/chwibianu]	- chwibianu
whilber [*S: wheelbarrow*]	- berfa
hwpo whilber	- gwthio berfa
whilbero mwg [gwneud rhywbeth	
hollol ddiwerth]	- cario mwg mewn berfa, iro'r flonegen
'whilia [chwedleua]	- hel straeon, malu, siarad
be' ma' hwn yn 'whilia aboutu?	- am be' ma' hwn yn malu?
beth ych chi'n 'whilia?	- am be' 'dach chi'n hel straeon?
'ti ddim yn gwbod am be' 'ti'n	
'whilia	- wyddost ti ddim am be' wyt ti'n
	siarad
'whilibawan [chwilbawan]	- tindroi, gwastraffu amser
'whilo	- chwilio
'whilo (rhywbeth/rhywun)	- chwilio am (rywbeth/rywun)

DEHEUOL		GOGLEDDOL
'whincad [chwinciad]	-	chwinciad
fydda' i ddim 'whincad	-	fydda' i ddim chwinciad
mewn 'whincad	-	mewn chwinciad
'whith	-	chwith
ar y 'whith	-	ar y chwith
o 'whith/go 'whith	-	o chwith
mynd go 'whith	-	mynd o chwith
'whūgen [chweugain]	-	chweigian [chweugain]
'whyddo [chwyddo]	-	chwyddo
'whynnu [chwynnu]	-	chwynnu
'whyrnu [*a gw:* "hwrnu"]	-	chwrnu [chwyrnu]
'whysu [chwysu]	-	chwsu [chwysu]
'whysu'n stècs	-	chwsu chwartia [chwartiau]
wedi 'whysu'n stècs, yn 'whys		
drabŵd	-	yn chwys doman/domen dail
'whythu [*a gw:* "hwthu"]	-	chwthu [chwythu]
widw [*gw:* "gwidw"]		
winwnsyn [*ll:* winwns]	-	nionyn [*ll:* nionod]
wit-wat, 'whit-'what [anwadal]	-	chwit-chwat
wmla', ffeito	-	ymladd, cwffio
wncwl	-	ewythr/ewyrth/dewyrth
woblan fel jeli	-	crynu fel deilen
wrth gwrs 'nny [hynny]!	-	debyg iawn!
wthnos/wsnoth [wythnos]	-	wsos/wsnos [wythnos]
wȳ [ŵy, wy]	-	ŵy
wȳ addo/wȳ promish/nythwy	-	ŵy tsieni/ŵy addod
wȳ Pàsg [Pasg]	-	ŵy Pāsg [Pasg]
wy/wy'n/wy' i	-	dw i/rwy'n [yr ydw i yn, yr wyf yn]
wy' i fod galw'n ôl	-	rydw i i fod i alw'n ôl
wy'n mynd nawr	-	rydw i'n mynd rŵan
wy'n ildo	-	rwy'n ildio [rhoi (i) fyny]

DEHEUOL	GOGLEDDOL

Y

yfed fel ych	- yfad/yfed fel 'sgodyn [pysgodyn]
yffach gols! [colsyn = glo byw]	- uffarn [uffern] dân! myn uffarn i!
yffachol [o hen, etc.]	- uffernol [o hen, etc.]
ymbytu [*gw:* "amboutu"]	
ymdopi	- dygymod, g'neud yn iawn, llwyddo, manijo
shwd ymdopest ti?	- sut ddaru ti ddygymod?
ymolch/wmolch/molchi [ymolchi]	- molchi [ymolchi]
rwy'n moyn ymolch cyn mynd	- rydw i isio 'molchi cyn mynd
stafell folchi, stafell folch	- stafell molchi
yn feddw gocls/yn feddw gorlac [*S: cole rake*]	- yn chwîl ulw
yn garlibŵns [*a gw:* "shangdifang"]	- yn 'strim 'stram 'strellach [ystrim, ystram, ystrellach]
yn gwmws [cymwys]	- yn union, yn hollol
o'dd e'n gwmws yr un peth	- roedd o'n union yr un fath
yndife? [*gw:* "on' te fe?"]	
ys gwedon nhw/fel ma'n nhw'n gweud	- ch'adal/chwadal nhwtha' [chwedl hwythau]
1. ysgol [i ddringo i ben to]	- ystol/ysgol
2. ysgol [lle i gael addysg]	- ysgol
ystyriol	- meddylgar
'na ŵr ystyriol sy 'da fi	- mae gen i ŵr meddylgar

BENYWAIDD A GWRYWAIDD

DEHEUOL

GOGLEDDOL

breuddwyd, y freuddwyd, breuddwyd
 ddifyr [*eb*]

- breuddwyd, y breuddwyd, breuddwyd
 difyr [*eg*]

carden [cerdyn], y garden, carden
 lydan [*eb*]

- cardyn [cerdyn], y cardyn, cardyn
 llydan [*eg*]

cino, y cino, cino blasus [*eg*] *hef:*
 cino, y gino, cino flasus [*eb*]

cinio, y cinio, cinio blasus [*eg*]

[Dywedir wrth yr Awdur, gan un sydd â mawr brofiad yn hyn o beth - yn dafodieithol, os nad fel danteithiwr (neu fel bolgi!) - mai arferiad y De yw trin *"cino"* **[= nawnbryd] fel** *Enw Gwrywaidd,* **a** *"cino"* **[= hwyrbryd] fel** *Enw Benywaidd.* **Mae hyn braidd yn rhy gyfrwys-gynnil i'r Awdur druan; ei reddf ef fyddai dychwelyd at yr hen drefn werinol, gefn-gwlad, Gymreig o ddefnyddio** *"cino/cinio"* **am nawnbryd, a galw'r hwyrbryd yn** *"swper"*.]

clust, y clust, clust byddar [*eg*]

- clust, y glust, clust fyddar [*eb*]

cornel, y cornel, pedwar cornel,
 cornel cynnes [*eg*]

- cornel, y gornel, pedair cornel,
 cornel gynnes [*eb*]

crib, y grib, crib fân [*eb*]

- crib, y crib, crib mân [*eg*]

cwpan, y cwpan, cwpan llawn [*eg*]

- cwpan, y gwpan, cwpan lawn [*eb*]

cyflog, y gyflog, cyflog fach [*eb*]

- cyflog, y cyflog, cyflog bach [*eg*]

cyngerdd, y gyngerdd, cyngerdd
 gerddorol [*eb*]

- cyngerdd, y cyngerdd, cyngerdd
 cerddorol [*eg*]

eiliad, eiliad fer [*eb*]

- eiliad, eiliad byr [*eg*]

emyn, yr emyn cyntaf [*eg*]

- emyn, yr emyn gyntaf [*eb*]

gwniadur, y wniadur, gwniadur
 dynn [*eb*]

- gwniadur, y gwniadur, gwniadur
 tynn [*eg*]

munud, muned [*eb*]

- munud [*eg*]

DEHEUOL		GOGLEDDOL
un funud, un funed	-	un munud
dwy funud, dwy funed	-	dau funud
tair munud, tair muned	-	tri munud
pedair munud, pedair muned	-	pedwar munud
y funud hon	-	y munud yma
y funud ola [olaf]	-	y munud ola
nifer, nifer fawr [*eb*]	-	nifer, nifer mawr [*eg*]
poen, y poen, poen gwaeth [*eg*]	-	poen, y boen, poen waeth [*eb*]
straen, straen ormodol [*eb*]	-	straen, straen gormodol [*eg*]
tafarn, y tafarn/y dafarn, tafarn clud [*eg*]	-	tafarn, y dafarn, tafarn glud [*eb*]

LLAFARIAID BYRION A HIRION

Yma, dynodir y llafariaid byr ag acen leddf [`] a'r llafariaid hir â marc hirsain [̄]. Dylid pwysleisio mai dyfais i gyfleu'r *ynganiad* yn unig yw'r acenion hyn, ac nas defnyddir yn ffurfiau ysgrifenedig y geiriau a restrwyd. Gwelir y ffurfiau ysgrifenedig cywir [mewn bachau sgwâr] yn dilyn y ffurfiau llafar - yr un ydynt yn y De a'r Gogledd fel ei gilydd. Teimlir bod digon o'r geiriau hyn yn bodoli iddynt haeddu eu rhestr atodol eu hunain - yn enwedig yn wyneb y ffaith nad yr un [*byr-hir/hir-byr*] yw'r newid yn ddieithriad rhwng De a Gogledd.

DEHEUOL	SILLEFIR	GOGLEDDOL
àer (awyr)	aer	āer
àer (etifedd)	aer	āer
bȳth	byth	bŷth
cāll	call	càll
clùst	clust	clūst
cōll	coll	còll
cōron	coron	còron
còsb	cosb	cōsb
còst	cost	cōst
còt	côt	côt
Crìst Iesu Grìst	Crist Iesu Grist	Crīst Iesu Grīst
cwèst	cwest	cwēst
cẁsg	cwsg	cw̄sg
drȳll	dryll	drŷll
gwēll	gwell	gwèll
gwèllt	gwellt	gwēllt
hēb	heb	hèb
hòllt	hollt	hōllt

DEHEUOL	SILLEFIR	GOGLEDDOL
mèllt	mellt	mēllt
Nadōlig	Nadolig	Nadòlig
y Pàsg	y Pasg	y Pāsg
pēll	pell	pèll
pīshyn	pisyn	pìshyn
pòst *ll:* pỳst y Pòst	post pyst y Post	pōst pȳst y Pōst
pw̄ll	pwll	pẁll
rhèw	rhew	rhēw
sìwr	siŵr	siŵr
sẁllt	swllt	sw̄llt
tòst *(yn y ddau ystyr)*	tost	tōst
trìst	trist	trīst
tỳst	tyst	tȳst
wȳ	wy, ŵy	ŵy

LLUOSOGION

DEHEUOL		GOGLEDDOL
banc, bencydd	-	banc, banciau
blwyddyn, blynydde [blynyddau]	-	blwyddyn, blynyddoedd
cawod, cawedydd/cawata [cawodydd cawadau]	-	cafod [cawod], cafodydd/cawodydd
cefnder, cenderwyr	-	cefndar [cefnder], cefndryd
clo, cloion	-	clo, cloua/cloue [clouau]

9. "MAN A MAN"

CAROL, LISA A DIC DERYN
[RHIAN MORGAN, BETH ROBERT AC IFAN HUW DAFYDD]
"Man a man i ti sylweddoli, Dic, na sdim iws conan amboutu fe ragor.
Ma'n priodas ni wedi'i rhacso — 'na i gyd!"

DEHEUOL		GOGLEDDOL
dime [dimai], dimïe/dimïod [dimeiau/dimeiod]	-	dima/dime [dimai], dimūa/dimeue [dimeiau]
dusen, dusenni	-	dwsin, dwshina [dwsinau]
dyn, dynon	-	dyn, dynion
(g)efell, (g)efeillied	-	efaill, efeilliaid
esgid, sgitshe [esgidiau]	-	esgid, sgidia [esgidiau]
ffrind, ffrinde/ffrinds [ffrindiau/ffrins]	-	ffrind, ffrindia/ffrindie [ffrindiau]
gof, gofied	-	gof, gofaint
llythyr, llythyron	-	llythyr, llythyra [llythyrau]
mynydd, mynydde [mynyddau]	-	mynydd, mynyddoedd

DEHEUOL		GOGLEDDOL
neges, negeseuon	-	negas [neges], negesa/negeseua [negesau/negeseuau]
sglodyn, ysglod	-	sglodyn, sglodion
teisen, tishennod [teisennod]	-	teisen, teisenna [teisennau]
to, toion	-	to, toeau/toeon
tywarchen, tŵarch	-	tywarchen, towyrch/tŵyrch [tywyrch]
tywel, tywelion	-	tywel, tyweli
wal [gwal], welydd/walydd	-	wal, walia [waliau]

NEGYDDU

Yn y De, y ffordd fwyaf cyffredin o negyddu'r ferf *"bod"* yw'r *"sa"* a'r *"so"*. Dim ond yn y person cyntaf unigol y defnyddir *"sa"* - *"so"* a arferir ym mhob achos arall. Felly: *"sa i"*; *"so ti/chi"*; *"so fe/hi"*; *"so ni/chi/nhw"*. Ceir hefyd ffurfiau megis *"sdimo i/soi/sai/sana i"* [nid oes dim ohonof i]. At hynny, defnyddir y *"nag"* o flaen gwahanol ffurfiau o'r ferf *"bod"* - megis *"nag w' i"*; *"nag wyt ti"*, etc.

Nodwedd fwyaf trawiadol y Gogledd (ynghyd ag ambell ran arall o'r wlad) wrth negyddu'r ferf *"bod"* yw *"dydw i ddim"*; *"doeddwn i ddim"* [nid ydwyf i ddim; nid oeddwn i ddim], etc. Wele ambell enghraifft o'r dulliau Deheuol ac o'r rhai Gogleddol:

DEHEUOL		GOGLEDDOL
nag o'ch chi wedi 'i weld e?	-	doeddach chi ddim wedi 'i weld o?
nag o'dd e am 'weud dim	-	doedd o am dd'eud dim/dim byd
nag o'n ni moyn dishgled o de	-	doeddan ni ddim isio panad o de
sa i'n dod/nag w i'n dod	-	dydw i ddim yn dŵad
so chi wedi 'i weld e?	-	welsoch chi mo'no fo?
so ni wedi 'i weld e/nag ŷ'n ni wedi 'i weld e	-	dydan ni ddim wedi 'i weld o
so fe'n moyn mynd/nag yw e'n moyn mynd	-	dydi o ddim isio mynd
so chi wedi bod?	-	dydach chi ddim wedi bod?

RHAN II
[GOGLEDDOL-DEHEUOL]

GOGLEDDOL	DEHEUOL

A

^{1.} 'achan! 'achgan! [fachgen!] [*a*
  gw: "bachgen"]   -   'achan! 'chan!

[**Yn y De, ac eithrio ambell ardal lle ceir** *"los"* **(lodes), defnyddir** *"'achan!"* **wrth ddynion a merched fel ei gilydd: yn y Gogledd, cyfyngir ef i wrywod yn unig** (*cf. "hogia"* **ym Môn, a all fod yn gwtogiad naill ai o** *"hogia lancia"* **neu o** *"hogia merched"*).]

^{2.} 'achan! 'achgan!   -   ẁ! [w!/wr!] [*ar ddiwedd brawddeg
                                           yn unig*]
  ty'd yn dy flaen, 'achan!   -   dere 'mla'n, ẁ!

[**Defnyddir** *"ẁ!"* **wrth ddynion a merched: megis** *"man"* **neu** *"mun"* **ar ddiwedd brawddeg yn Saesneg y De (serch mai o'r Gymraeg y daw'r rheini hefyd yn wreiddiol). Er gwaethaf ei ystyr llythrennol, nis defnyddir mwyach ond, bron, megis dim mwy nag atalnod llawn (.) neu ebychnod (!) ar ddiwedd brawddeg, a hynny heb ystyried ei ystyr. Gellir ei ddisgrifio fel ategair neu ebychair.**]

adra [*gw:* "gartra"]

adag [*gw:* "yr adag hynny"]

ael [*gw:* "torllwyth"]

afradlon, gwastrafflyd   -   halfor [helfawr]

afradu, gwario (pres)   -   'ala/hala, bradu (arian)
  gwario gormod   -   hala gormod

afradus, gwastraffus   -   didoreth

[**Yng Ngheredigion, gall** *"didoreth"* **olygu** *"ansefydlog/anwadal/cyfnewidiol/gwirion".*]

affliw, mymryn, blewyn   -   cracen/cacen, bripsyn
  dim mymryn o ddiddordeb   -   dim bripsyn o ddiddordeb
  dim yn gwneud mymryn o
    wahaniaeth   -   dim yn gwneud pripsyn o
                              wahaniaeth
  sdim affliw/mymryn/blewyn
    o ots gen i   -   sdim cracen o ots 'da fi

ag (yr) oedd o   -   â beth o'dd e
  dydi'r cof ddim cystal ag (yr)
    oedd o/ag y buo fo   -   so'r cof ddim cystal â beth
                              o'dd e

GOGLEDDOL		DEHEUOL
angan [angen], isio [eisiau]	-	ishe/isie [eisiau], moyn [ymofyn]
anghyffredin [*gw:* "hynod"]		
anghytuno	-	dweud llai/gweud llai
dydw i ddim yn anghytuno	-	sa i'n dweud/gweud llai
ailwampio	-	ailwampo
allan [all-llan = tu hwnt i'r llan]	-	mâs [i maes], off
allan o drybini/o'r helbul	-	mâs o'r cawl/o'r twll
allan o ddêt	-	mâs o ddât
allan o'i le	-	mâs o le
allan o'i bwyll, yn wirion bōst	-	off 'i ben
colli allan ar y straeon [sgandal]	-	colli mâs ar y clecs
torri allan [o'r seiat, etc]	-	tori mâs
tu allan	-	tu fâs
am/amdan, yng nghylch, o gwmpas	-	amboutu/abothu/aboutu/'bytu/ ymbytu [ambeutu = ar bob tu/ ar bob ochr]
amdano fo, o'i gwmpas o, yn 'i gylch o	-	amboutu fe
chwara o gwmpas efo'i wraig o	-	'whare amboutu 'da 'i wraig e
hongian o gwmpas	-	hongan 'bytu
'i frolio fo	-	brolio amboutu fe
mae hi tua thri o'r gloch	-	mae'n 'boutu dri o'r gloch
mae 'na rywbeth hoffus yn 'i gylch o/o'i gwmpas o	-	ma' rhywbeth hoffus amboutu fe
o gwmpas y lle	-	ymbytu'r lle
poeni yn dy gylch di	-	becso amboutu ti
rydw i bron â llwgu [newynu]	-	wy' i 'boutu/'bytu starfo
sdim dwy waith amdani	-	sdim dou amboutu'r peth
ynghylch beth?	-	amboutu beth?
am dro	-	am wâc [*S: walk*]
dos allan am dro	-	cer mâs am wâc
mynd am dro	-	mynd am wâc
amcan	-	annel [o "anelu"]
does ganddo fo fawr ddim amcan	-	sa'i annel e'n driw iawn
amrantiad [*mesur byr o amser*], chwinciad, chwinciad chwannan	-	clipad llygad
mewn amrantiad	-	mewn clipad llygad

GOGLEDDOL		DEHEUOL
amsar/amser	-	amser
anadl	-	anal
anaf, niwed, briw [a gw: "brifo"]	-	dolur
cael anaf, cael niwed	-	cael dolur, brifo
anfodlon	-	cro's-gra'n (o dymer) [croes-graen]
anfon, gyrru (llythyr)	-	'ala/hala (llythyr)
anifail [ll: anifeiliaid]	-	creadur [ll: creaduriaid]
annifyr	-	diflas
reit annifyr	-	ītha [eithaf] diflas
roeddwn i'n teimlo'n annifyr ynghylch y mater	-	o'n i'n twmlo'n ddiflas amboutu'r peth
annisgwyl	-	disymwth
mi ddōth o'n reit annisgwyl	-	fe dda'th e'n ītha disymwth
annwyd	-	annwd [annwyd]
anhrefn, cybolfa, poitsh, llanast	-	cowdel [cawdel]
ar, ar gefn	-	acha [ar uchaf]
ar osgo, yn wyrgam	-	acha wew, acha slant
mae o ar geffyl/ar gefn ceffyl	-	mae e acha ceffyl
ar gael, yn bod	-	ar glawr
ar yr amod ... [a gw: "cyn belled"]	-	gan ...
ar yr amod y daw o'n ôl	-	gan daw e'n ôl
ara [araf] deg (rŵan)	-	gan bwyll (nawr)
yn ara bach	-	gan bwyll bach
argoledig! [Arglwydd bendigedig!]		
Rarswyd! [ebychair ysgafn]	-	arswyd! [Arglwydd!] arswyd mawr! arswyd y byd!
1. arian [i'w wario], pres	-	arian
yr union bres, yr union swm	-	yr arian cwmws
2. arian [y metel]	-	arian

GOGLEDDOL	DEHEUOL

argian fawr! yr argian fawr! [*gw:*
   "bobol annwyl!"]

arogl, ogla [oglau] [*hef:* arogl	
drwg]	- gwynt, sawr
mae ogla fel tail ar hwn	- mae hwn yn gwynto fel tail
ogla da, arogl da	- gwynt ffein
yr union beth i ladd ogla'r	
defaid	- jyst y peth i ladd gwynt y
	defed
arogli (yn ddrwg), ogleuo, drewi	- gwynto, sawru ('n ddrwg)
drewi'n annifyr	- gwynto'n gas
mae hwn yn ogleuo/drewi	- mae hwn yn gwynto
aros, disgwyl [*a gw:* "edrych"]	- dishgwl [disgwyl], sefyll, erfyn
aros am funud, aros funud	- sa' di 'ned [saf di funed]
aros dros nos	- sefyll dros nos
aros o gwmpas	- sefyll amboutu
aros yma, wnei di	- sefyll 'ma, wnei di
cân yn aros yn dy ben di	- cân yn sefyll yn dy ben di
mae hi'n disgwyl [*h.y.*, yn	
feichiog]	- mae hi'n dishgwl
rydw i'n aros amdano fo	- wy'n dishgwl amdano fe
ydi o'n disgwyl i mi dalu?	- ody e'n erfyn i mi dalu?
arweinydd giang, un mawr ymhlith	
rhai bach	- capten cryts/crytiaid
asgwrn i'w grafu efo (rhywun)	- asgwrn i'w bigo 'da (rhywun)
asyn, mul [*hef (gynt):* "mwlsyn" yn	
Arfon]	- mwlsyn
awran [yr awr hon]	- awr fach
dim ond rhyw awran gym'rith hi	- dim ond ychydig iawn o amser
	gymer/gym'rith hi
treulio rhyw awran …	- bwrw rhyw awr fach …
awydd [*gw:* "blys"]	

10. "'TI'N-BOD BETH?"

OLWEN, GINA A KAREN
[TONI CAROLL, CATRIN FYCHAN A RHIAN JONES]
"'Ti'n-bod beth, Karen? Sdim dou, ma' Gina 'ma wedi cwmpo'n glatsh am Rod."

GOGLEDDOL	DEHEUOL

B

bacwn/becyn	- cig moch
bachgan [bachgen], cog/cogyn, hogyn [*a gw:* achan", "hogyn"]	- bachan, crwt, crwtyn, rhocyn
baeddu, maeddu	- d'wyno [difwyno]
baldorddi	- brigawthan, brigawlan
balog	- copis
barbio	- trasho [trasio]
barbio clawdd, gwrych, etc.	- trasho clawdd, gwrych, etc.
barrug	- llwydrew/ll'ydrew
barus, glwth	- diwala, anniwall

[Gall *"diwala"* hefyd olygu *"bodlon"*.]

GOGLEDDOL		DEHEUOL
basa, mi fasa fo [fe fuasai]	-	bydde, bydde fe
basgiad [basged]	-	basged
baswn, mi faswn i [fe fuaswn]	-	bydden, bydden i
baw, tail	-	dom [tom]
baw lleidiog, mwd	-	llaca/llacs
be' 'di'r brys?	-	beth yw'r hàst? beth yw'ch hàst chi?
be' fedar dyn 'neud? be' 'neith dyn?	-	beth sy 'da dyn i 'neud?
be' nāi o/hi? be' naen nhw?	-	beth 'nele fe/hi? beth 'nelen nhw?
be' s'arno fo/arni hi/arnyn nhw isio [eisiau]?	-	beth ma' fe/hi/nhw moyn [ymofyn]?
becws	-	bacws
bechdan [gw: "brechdan"]		
begeran, cardota	-	cardota
bellach	-	rhagor
chi 'di'r unig un sy' gen i bellach	-	chi yw'r unig un s'da fi rhagor
newidith o ddim, bellach	-	newidith e ddim, rhagor
ben bore [gw: "toriad gwawr"]		
benthyg/benthyca/menthyg [benthyg/ menthyg]	-	mencyd [benthyg/menthyg]
berfa	-	whilber [S: wheelbarrow]
cario mwg mewn berfa, iro'r flonegen [gwneud rhywbeth hollol ddiwerth]	-	whilbero mwg
gwthio berfa	-	hwpo whilber
beth bynnag, sut bynnag [S: whatever]	-	ta beth
beth bynnag, sut bynnag [S: anyway]	-	ta p'un, ta p'un i, ta beth

GOGLEDDOL		DEHEUOL
beth bynnag am hynny	-	ta beth 'nny
beth bynnag ydi o [S: whatever it is]	-	ta beth yw e
beth sy gen ti?/be' s'gen ti?	-	beth s'da ti?/be' s'da ti?
beudy [a gw: "bydái"]	-	boudy, glowty [gwaelod tŷ]
bīff, cig eidion	-	cig 'īdon/cig eid'on
bisged/bisgeden	-	bisgïen
biti, biti garw	-	tr'eni [trueni], tr'eni mawr
blagardio, tyfodi/tafodi	-	blagardan
blanced/plancad, cwrlid, gwrthban	-	carthen
blas [gw: "cael blas"]		
blawd	-	fflŵr [S: flour], can
ble bynnag [pa le bynnag]	-	ta ble
mynd i ble bynnag	-	mynd ta ble
blêr	-	anniben
blerwch	-	annibendod, cabẁtsh/carabẁtsh
y fath flerwch	-	shwd annibendod
blewiach	-	blewach
blin (o dymer) [a gw: "blinedig", "drwg"]	-	crac
blinedig [lluddedig, wedi ymlâdd] [a gw: "blin"]	-	wedi blino
blonegog [gw: "go dda ei fyd"]		
blys, bod isio [eisiau], awydd	-	'whant [chwant], awydd
rydw i flys cael paned	-	ma 'whant dishgled arna' i
rydw i isio bwyd	-	ma 'whant bwyd arna' i
s'gen i'm llawar o awydd mynd i'r gwaith heddiw/i weithio heddiw	-	sdim lot o 'whant mynd i'r gwaith arna i heddi

GOGLEDDOL		DEHEUOL
bob amser, byth a hefyd, wastad	-	wastad/wastod [yn wastad]
bob munud neu ddau, bob yn ail a pheidio	-	bob 'whip [chwip] stitsh [*S: stitch*]
... bob (un) [*a gw:* "fesul ..."]	-	... bobo (un)
un bob un, dau bob un, tri bob un, etc.	-	bobo un, bobo ddau, bobo dri, etc.
peint bob un	-	bobo beint
bob un wan jac	-	bob un jac wan
bob yn ail	-	am yn ail
bob yn damaid, fesul tipyn, fesul ychydig	-	drib-drab

[**Digwydd** *"drib-drab"* **hefyd, weithiau, yn y Gogledd.**]

bobol annw'l! brensiach! [Brenin Annwyl!/Mawr!], yr argian fawr!	-	mowredd [mawredd] (annwyl)!
bod eisiau/bod isio, dymuno, disgwyl [*a gw:* "blys"]	-	erfyn
faint o bres wyt ti isio?	-	faint o arian wyt ti'n erfyn?
mae'n dymuno i ni ..., mae eisiau i ni ...	-	mae'n erfyn i ni ...
rydw i'n disgwyl tyrfa dda	-	wy'n erfyn tyrfa dda
ydi o'n disgwyl i mi dalu?	-	ody e'n erfyn i mi dalu?
bod piau, bod yn berchen	-	perchen, bod [yn] berchen
fi [sydd] pia' fo	-	fi sydd berchen e
1. bodlon/boddlon [yn cytuno]	-	bo'lon [bodlon]
wyt ti'n fodlon?	-	wyt ti'n fo'lon?
2. bodlon [wedi'i ddiwallu]	-	diwala/'i-wala [diwall]

[**Gall** *"diwala"* **hefyd olygu** *"barus, glwth"*.]

bol, stumog	-	bola, bocs bara
llond bol [wedi syrffedu]	-	llond bola
bonclust, celpan, clewtan, clustan, ergyd [*a gw:* "clus-tan"]	-	clatshen [clatsien]/cleren/crasen

GOGLEDDOL	DEHEUOL
bragio, brolio [S: *brag*] [ymffrostio]	- bragan
brolio wrth dy ffrindia	- bragan i dy ffrinde
bragu (cwrw)	- macsu (cwrw)
bragiad	- macsad
brathiad	- cnoiad
brathu	- cnoi
brathu gwinadd [ewinedd]	- cnoi ewinedd
brathu tafod [yn ffigurol a/ neu yn llythrennol]	- cnoi tafod
ci yn brathu	- ci yn cnoi

[Clywir hefyd "*cnoi gwinadd*" yn Arfon.]

brau	- brou [brau]
braw	- cryd
codi braw arna i	- codi'r cryd arna i
brech [*gw:* "y frech"]	
brechdan/bechdan	- bara menyn, tocyn
brechdan [un frechdan, un dafell]	- toc o fara menyn

brensiach! [*gw:* "bobol annw'l!"]

1. brifo [cael eich brifo (gan rywun)] [yn ffigurol a/neu yn gorfforol]	- ca'l lo's [cael loes (gloes)]
mae'r gwir yn amal yn brifo	- ma'r gwir yn gwneud lo's yn aml
rhag ofn i ti frifo	- rhag ofan i ti ga'l lo's
2. brifo (rhywun) [yn ffigurol a/ neu yn gorfforol]	- rhoi dolur i (rywun)
mae o'n 'i brifo hi	- ma' fe'n rhoi dolur iddi hi
neb wedi brifo	- neb wedi ca'l dolur
y gwir yn brifo	- y gwir yn rhoi dolur

briw, niwed [*gw:* "anaf"]

bron [ymron], dest/jest [S: *just*]	- jyst
brwnt, creulon [*a gw:* "budur"]	- creulon

GOGLEDDOL		DEHEUOL
brysia, brysiwch	-	shapa 'i, shapwch 'i
rho draed arni	-	shapa 'i
brysio [*a gw:* "rhuthro"]	-	hastu
buarth (fferm)	-	clôs
budur [budr], mochynnaidd [*a gw:*		
"creulon"]	-	bowlyd/bawlyd, brwnt, mochedd
		[mochaidd]
llestri budron	-	llestri brwnt
budreddi	-	bryntni
burum	-	berem
bustachu [*gw:* "poitshio"]		
bwgan	-	bwci bo
bwrdd [*ll:* byrddau]	-	bord [*ll:* bordydd]
ar y bwrdd	-	ar y ford
ca'l 'i draed dan [y] bẁr'		
[bwrdd]	-	ca'l 'i dra'd dan y ford
dan y bwrdd	-	dan y ford
gosod y bwrdd	-	gosod y ford
mae'r 'goriada ['goriadau] ar y		
bwrdd	-	mae'r allweddi ar y ford
ond: Bwrdd yr Iaith Gymraeg	-	Bwrdd yr Iaith Gymraeg
bwyta	-	byta/bwyta

[**Ym Môn, yngenir** *"byta"* **â'r** *"y"* **dywyll (megis yr** *"y"* **yn** *"Cymru"*)**: ym mhobman arall, defnyddir yr** *"y"* **olau (a yngenir fel yr** *"u"* **bedol). Yn y cyswllt hwn, dylid hefyd sôn yr yngenir** *"gyda"* **yn y De ag** *"y"* **dywyll tra yn y Gogledd yngenir** *"gyda"* **ag** *"y"* **olau - mae'r ynganiad Gogleddol yma yn adlewyrchu tarddiad y gair o** *"cyd â"* **>** *"gyd â"*.]

bychan, y bychan [am rywun]	-	cricsyn [cricedyn]
bydái [beudai, beudái] [adeiladau		
fferm] [*a gw:* "beudy"]	-	tai mâs/teie mâs
bygwth	-	bwgwth
byhafio, ymddwyn	-	bihafio

GOGLEDDOL		DEHEUOL
byrstio	-	bosto
bysnesu/bysnesa [busnesu/busnesa]	-	busnesan
byth a hefyd [gw: "bob amser"]		
byw yn heini/mewn iechyd	-	byta bara iach

C

cacan/cacen, teisan/teisen	-	cacen, tishen [teisen]
gwneud cacan/teisan	-	gwitho [gweithio] cacen/tishen
cacan/cacen gri	-	pice bach, pice ar y ma'n [maen]
cacwn, gwenyn meirch	-	cacynen/cacwn

[Nid yr un peth yw *"cacynen"* a *"gwenynen"*, mae'n wir: mae'r *gacynen* yn drychfil gwyllt, ac yn fwy o faint na'r *wenynen*. Eithr ar lafar, tueddir i gymysgu rhyngddynt.]

cadach pocad/poced, hancas bocad/		
hances boced	-	nished [neisied] (poced), macyn

[Ym Môn, dywedir *"ffunan bocad"*.]

cadar [cadair] [*a gw:* "pwrs"]	-	cader [cadair]

[Ym Mhenfro, ystyr *"cadair"* yw *"crud (babi)"*. Am *"cadair"* (i eistedd arni), dywedir *"stôl"*. (Eithr ni fu sôn am yr un Prifardd o Benfro wedi ennill "Stôl" yr Eisteddfod Genedlaethol!)]

cadw ar (rywun)	-	cadw cefen (rhywun)
cae [*ll:* caea (caeau)]	-	cā', parc [*ll:* perci]
caead	-	clawr
ca'l/cael (*h.y.*, canfod) blas	-	blasu
mae blas fel plastig ar hwn	-	mae hwn yn blasu fel plastig
ca'l gwarad/gwared ar .../o ...	-	ca'l 'i wared ...
ca'l gwarad arno fo/ohoni hi,		
etc.	-	ca'l 'i wared e/'i gwared hi,
		etc.

GOGLEDDOL	DEHEUOL
cafn	- cafan
traed yn y cafn	- tra'd yn y cafan
cainc, coeden	- colfen

[Yng nghanolbarth Ceredigion, dywedir *"colfen"* am *"cangen".*]

calad/caled (tywydd), egar/hegar	
garw/gerwin	- eger [egr]
camdreuliad	- diffyg traul
camfa	- bariwns, sticil/sticill
camgymryd	- camsynied
candryll [wedi colli tymer], yn	
gandryll	- crac, yn grac
gwneud (rhywun) yn gandryll	- hala (rhywun) yn grac
wedi gwylltio'n gudyll/yn ulw/	
yn gandryll/yn gacwn [caclwm	
= ¹· dicllonedd; ²· ffured],	
wedi mynd yn holics glân	- ynfyd o grac, yn grac ofnadw
capel [*gw:* "y capel"]	
car priodas	- car mīsh [mis] mêl
carchar, jêl	- ja'l [jael]
cariad [*S: boy-friend*]	- sboner
cariad [*S: girl-friend*]	- wejen
dau gariad	- sboner a wejen
ma'n nhw'n ddau gariad	- maen nhw'n sboner a wejen
cario clecs	- clapian
cario gwair [mynd â gwair o'r cae	
i'r das/helm, etc.]	- cŵen [cywain] gwair
cario straeon [*gw:* "hel straeon"]	
carthion	- caca
cās [cas]	- diened [dienaid]
cŵn yn medru bod yn gās	- cŵn yn galler bod yn ddiened

11. "'WHARE AMBOUTU"

GLYN, BETH A HYWEL
[IEUAN RHYS, EIRLYS BRITTON AC ANDREW TEILO]
"'Wy'n gw'bod y buoch chi'ch dou yn 'whare amboutu am fisho'dd tu ôl i 'nghefen i!"

GOGLEDDOL	DEHEUOL

catel [*gw:* "gwartheg"]

1. cau	- ca/caua/caued [*be*]
cau dy geg, etc.	- ca dy ben/caua dy ben
cau dy hopran	- ca dy ben
2. cau [nacáu], gwrthod, methu	- pallu
cau d'eud	- pallu gweud
gwrthod trafod	- pallu trafod
methu codi	- pallu codi

[Yn ôl *Geiriadur y Gyfraith* (gan yr Awdur presennol, 1992), tud. 174, mae gan y tri therm *"methu"*, *"esgeuluso"* a *"gwrthod"* - sef (S) *"fail"*, *"neglect"*, a *"refuse"* - ystyron sydd, i bwrpasoedd cyfreithiol ymarferol, ond y dim yn gyfystyr.]

cawl, potes, *weith:* lobsgows [saig cig, llysiau, etc] [*a gw:* "cymysgfa", "potes"]	- cawl
rhyngot ti a dy botes	- rhyngto ti a dy gawl

cecru [*a gw:* "cweryla"]

1. cefn [adeilad, etc.], rownd y
    cefn - bac, rownd y bac
    rydw i'n mynd allan i'r cefn - wy'n mynd mâs y bac

2. cefn [corfforol, etc.] - cefen [cefn]
    cadw ar yr hogyn - cadw cefen y bachan

ceg, hopran [hopren (*S: hopper*)],
    safn - pen
    cau dy geg, etc. - ca dy ben/caua dy ben

ceiniog [*ll:* cenioga (cein-
    iogau)] - cīnog [ceiniog] [*ll:* cinoge (cein-
          iogau)]

cnègwa'th/cynegwarth [ceinio-
    werth] - gwerth cīnog

ceisio, trïo - treial [*be*]

celc, hosan [arian a gasglwyd a/
    neu a guddiwyd] - hosan
    ma' gynno fo gelc taclus - ma' hosan deidi 'da fe

celwrn [*gw:* "padall"]

celwydd - celwdd [celwydd]

[Yn Arfon, clywir *"clatshio clwydda"* = *"dweud celwydd yn gyson"*: hefyd *"palu clwydda"*.]

cellwair, cogio, herian, smalio,
    tynnu coes - jocan
    dydw i ddim yn cellwair/tynnu
    coes - sa i'n jocan
[Yng Ngheredigion, ystyr *"jocan"* yw *"caru"* neu *"esgus caru"* (â rhywun).]

cenllysg - ceser [cesair]/cesel

cer! [*gw:* "dos!"]

cer/dos i'r Diawl! - cer i grafu!

cerddad o gwmpas â'i ben yn
    ei blu - cer'ed o gwmpas â'i dra'd dan 'i
          gesel/gesail

GOGLEDDOL	DEHEUOL
cerdded (yn ddiamcan)	- cerddetan
cert, trol [a gw: "troi"]	- cart, gambo
cetyn, pibell (ysmygu) [a gw: "peipen"]	- pīb
ci gwallgo [gwallgof]	- ci cynddeiriog
cig gwael, darnau o gig gwael	- cigach
cingron [gw: "penci"]	
cinio	- cino
cip, golwg, cipolwg	- pìp [pip]
bwrw cip	- towlu pìp
ca'l cip/golwg	- ca'l pìp
clebar/clebran [siarad ofer]	- lap, clebran
am be' goblyn wyt ti'n clebar?	- be' ti'n glebran amboutu?
dy glebran gwag/ofer di	- dy gleber wāst [gwast] di
mae o/hi'n rêl un am glebar	- 'na lap sy 'dag e/'da hi
stopia glebar	- ca dy lap
clebran, cloncian, colstran, hel clecs, hel straeon, straella	- cloncan, cleber/clebran, lapan

[Yn Llŷn, clywir "brwela", ac yng Ngheredigion, "brwelan".]

clên [S. Canol: clene (= clean)] (am rywun) [hawddgar, hoffus]	- neis
clir [a gw: "hoffus"]	- nêt/net [S: neat]
gweld yn glir	- gweld yn nêt
cliriach	- clirach
cloncian [gw: "clebran"]	
clorian	- tafol
cloriannu	- tafoli
clustan, bonclust, celpan, clewtan, ergyd, peltan	- clatshen [clatsien] [a gw: "crasen"], cleren
mi gei di uffar' o glustan gen i/	

GOGLEDDOL	DEHEUOL

mi ro i uffar' o beltan
  i ti   -   gei di yffach o glatshen 'da fi

clustia [clustiau]   -   cluste [clustiau]

clwt [*ll:* clytia (clytiau)]
  (babi)   -   cewyn [caw] [*ll:* cewynne
                  (cewynnau)]

dwyt ti ddim allan o dy
  glytia eto   -   so ti mâs o dy gewynne 'tō

clwy melyn   -   clefyd melyn

clywed mwy   -   clywed rhagor
dw i ddim isio clywed mwy   -   sa i'n moyn clywed rhagor

c'nebrwn [cynhebrwng]   -   angladd

[Yn y Canolbarth, dywedir "*cligieth*" (claddedigaeth).]

c'nesu [cynhesu], cael c'nesu,
  tw'mo [twymo]   -   twymo, ca'l twymad

cneuan [cneuen] [*a gw:* "cricedyn"]
  [*ll:* cnau]   -   cneuen [*ll:* cnou (cnau)]
  cyn iached â'r gneuen   -   mor iached â'r cricsyn

côd [cwyd] i fyny, côd o i fyny   -   cwyd lan, cwyd e lan

1. codi, peri   -   'ala [hala]
  codi gwrychyn (rhywun)   -   hala (rhywun) yn grac
  codi ofn, peri dychryn   -   hala ofan
  parodd i mi feddwl   -   halodd fi feddwl

2. codi [i fyny]   -   cwnnu, codi
  codi ben bore   -   cwnnu/codi'n y bore bach
  codi'r ffôn   -   cwnnu'r/codi'r ffôn

codi arswyd arna i   -   codi'r cryd arna i

coeden [*gw:* "cainc"]

coelio, credu   -   credu
dydw i ddim yn dy gredu di/dy
  goelio di   -   sa i'n dy gredu di

cofleidio a rhoi maldod/mwytha
  [moethau] [*S: hug*]   -   cwtsh/rhoi cwtshi/cwtsho

GOGLEDDOL	DEHEUOL
cog/cogyn [gw: "bachgan"]	
cogio [gw: "cellwair"]	
coginio, cwcio	- cwcan
congol [congl], cornal/cornel	- cornel
côl, glin	- côl/cwēl, arffed/carffed
stedda yn 'y nghôl i (ar 'y nglin i)	- ishte yn f'arffed i
confalesio [gw: "gwella"]	
corlan, ffolt [a gw: "buarth"]	- ffald
cosi, gwrido	- gwynegu
yn cosi/gwrido drwyddo i gyd	- yn gwynegu drwyddo i gyd
costio	- costi
côt [ll: cotia (cotiau)]	- còt [côt] [ll: cote (cotiau)]
cowlad [baich]	- cofled
gormod o gowlad	- gormod o gofled
cr'adur [creadur] bach, y cr'adur bach	- pŵr dab, y pŵr dab
crafiad	- crafad
crampog/crempog/crempogan [ll: crempogau]	- ffroesen [ll: ffroes], pancosen [ll: pancos]
creulon, brwnt [a gw: "budur"]	- creulon, cās
cribyn	- rhaca
cricedyn, y bychan [am rywun]	- cricsyn
cricmala'/cry' cymala' [cryd y cymalau],	- gwynegon
crïo, wylo	- llefen [llefain]
beichio crïo, powlio crïo, wylo'n hidl	- llefen y glaw

GOGLEDDOL   DEHEUOL

crwmffast [*gw:* "llabwst"]

crwydrol [*gw:* "diarth"]

crydda [gweithio fel crydd]   -   cryddia

crynu fel deilen   -   woblan fel jeli

cuddiad/cuddio (rhywbeth)   -   cwato

curfa [*gw:* "cweir"]

1. curo, taro, dobio, dyrnu   -   bwrw, pwno

[Hefyd, clywir *"golchi"* ym Môn, *"coedio"* yn Llŷn ac Eifionydd, ac amryfal ffurfiau gwahanol mewn mannau eraill.]

    calon yn curo   -   calon yn pwno
    taro'r haearn tra 'i fod o'n
       boeth   -   bwrw'r harn tra bod e'n dwym
    taro'r hoelen ar 'i phen   -   bwrw'r hoelen ar 'i phen
    taro merched   -   pwno menywod

2. curo [megis "curo" ŵy]   -   ffusto [*gynt:* ffusto = dyrnu ŷd]

c'warfod [*gw:* "cyfarfod"]

cwcio [gw: "coginio"]

cwch   -   bad
  cwch achub   -   bad achub

cweir, cosfa, curfa, cwrbitsh
  [cwrbits]   -   crasfa, còt/coten

cweryla, cecru, ffraeo efo ...   -   cecran, cecru, c'nennu [cynhennu]
  cweryla efo'n gilydd   -   cecran 'da'n gilydd

[Hefyd, yn y De, arferir *"bigitan"* i olygu *"cweryla (heb fawr achos)"*.]

cwffio, ymladd   -   wmla', ffeito

cwpaned [*gw:* "panad"]

cwmffon [*gw:* "cynffon"]

cw̄r/gw̄r [cwrdd], c'warfod/cyfarfod   -   cwrdd/cwrdda [cwrdd â], cwrddyd

GOGLEDDOL	DEHEUOL

mynd i'w gŵr o/i'w gyfarfod o/i
   gyfarfod â fo — mynd i gwrdd ag e/i gwrddyd e

cwrcath/gwrcath — cwrcyn

cwrlid [*gw:* "blanced"]

cwsberis [cwsberins] — gwsberis
[Yn y Canolbarth, dywedir *"ffebrins"*.]

cwt/cyt — twlc
   cwt mochyn —   twlc mochyn

cwynfanllyd — cintachlyd/ceintachlyd
[Sylwer nad yr un yw ystyr *"cintachlyd/ceintachlyd"* â *"crintachlyd"* = *"cybyddlyd, gorglynnil"*.]

1. cwyno — achwyn
   cwyno yn 'i gylch o —   achwyn amboutu fe
   cwyno (gan afiechyd), teimlo'n
     sâl —   achwyn

2. cwyno, grwgnach, swnian — conan, cintach
   fedra i ddim cwyno [*mewn ateb
   i gwestiwn, megis:* "Sut
   mae'r busnes yn llwyddo?"] —   alla i byth conan
   waeth heb â chwyno —   sdim iws conan

1. cwynwr, swnyn (*eg*) [ceintachwr,
   grwgnachwr — conyn, conachyn

2. cwynwr, swnan/swnen (*eb*)
   [ceintachwr, grwgnachwr] — conen, conachen

cybolfa, anhrefn, poitsh, llanast'
   [llanastr] — cowdel/cawdel

cybyddlyd, gorgynnil — crintachlyd [*cf:* "cintachlyd"],
     mên [*S: mean*]

cychwyn arni — wado bant

cyd/cyhyd, cyn hirad/hired — hired, mor hired
   cyn hired â phadar/phader —   mor hired â phader

GOGLEDDOL	DEHEUOL
1. cyfarfod, y capel	- cwrdd/y cwrdd, capel
mynd i'r capel	- mynd i'r cwrdd
2. cyfarfod/c'warfod (rhywun)	- cwrdda [cwrdd â] (rhywun)
cyflym, yn gyflym; sydyn, yn sydyn	- clou [clau], yn glou
cyffwrdd, twtshiad	- twtsh
cyllall [cyllell]/cyllath	- cylleth
cymer ofal	- cymer gâr
1. cymeryd/cym'yd/cymryd arnaf/arnat/	
arno, etc., smalio	- esgus
mi gymera i arna bod ...	- wna i esgus bod ...
paid cymryd arnat/smalio na	
wyddet ti ddim	- paid esgus na wyddet ti ddim
rydw i'n cymryd arna i	
gredu ...	- wy'n esgus credu ...
2. cymeryd/cym'yd/cymryd gafael	
[gw: "dal, gafael"]	
3. cymeryd/cym'yd/cymryd mantais	
ar (rywun)	- achub mantes ar (rywun)
Cymraeg llyfr, safonol [h.y.,	
cywir, pur, etc.]	- Cwmrâg [Cymraeg] dwfwn [dwfn]
Cymraeg ffwr' â hi	- Cwmrâg gatre
Cymraeg sâl	- Cwmrâg gwael, Cwmrâg cerrig
	calch
cymysgfa, llanast [llanastr],	
"lobsgows"	- cawlach
cyn, mor	- mor
cyn ddued â'r frân	- mor ddu â'r frân
cyn lased â'r môr	- mor las â'r môr
mor glir â haul ar fryn	- mor glir â houl ar bost
cyn belled ... [a gw: "ar yr	
amod"]	- gan ...
cyn belled â'n bod ni'n dallt	
ein gilydd	- gan bo ni'n dyall/deall yn (ein)
	gilydd
cyn gyntad/gynted ..., cyn gynted	
â ..., unwaith ...	- shwrne [siwrnai] ..., man ...

12. "YFFACH GOLS!"

DENZIL AC EILEEN
[GWYN ELFYN A SERA CRACROFT]
"Yffach gols Eileen, ma' ishe newid 'i chewyn hi, Sioned!
Ma' hi'n gwynto'n wa'th na'r hen lorri gaca 'slawer dydd!"

GOGLEDDOL		DEHEUOL
cyn gyntad ag y daw hi adra	-	shwrne/man daw hi gatre
cyn gyntad ag y daw o'n ôl	-	shwrne/man daw e'n ôl
unwaith yr oeddan nhw'n clywad ..., unwaith y clywson nhw ...	-	shwrne/man ô'n nhw'n clywed ...
unwaith y bûm i yno ...	-	shwrne/man fues i 'na ...
cyn waethad [gwaethed]	-	cyn'rwg [cynddrwg]
cyndyn (o dd'eud [dweud]), tawedog	-	dywedwst
cynffon/cwmffon	-	cwt
'run peth ydi ci â'i gynffon	-	'run peth yw gast â'i chwt
cynhesiad	-	gwresogad
cynhesu [*gw:* "c'nesu"]		
cynnar (y bore), toriad gwawr	-	bore bach
ar doriad gwawr/y wawr	-	yn y bore bach

GOGLEDDOL	DEHEUOL
cynnes/poeth	- twym
cystal ... cystal i chi ddallt ...	- man a man ... - man a man i chi ddyall ...
cyw iâr/ffowlyn	- ffowlyn/ffowlsyn

CH

GOGLEDDOL	DEHEUOL
ch'adal/chwadal nhwtha [chwedl hwythau]	- ys gwedon nhw, fel ma'n nhw'n gweud
chdi	- ti
chditha/titha [tithau]	- tithe [tithau]
chwaer [*ll:* chwiorydd]	- 'wha'r [chwaer] [*ll:* 'whiorydd (chwiorydd)]

chwaith [ychwaith]
   ddoth o ddim, chwaith
   na finna, chwaith
	- hefyd/'whaith [ychwaith]
	- dda'th e ddim, hefyd
	- na finna, hefyd

chwâl ar chwâl	- 'whâl - ar 'whâl

chwalu, teilchioni (perthynas â
   rhywun)
   chwalu'n deilchion/malu'n
   deilchion
	- rhacso (perthynas â rhywun), 'whalu
	- 'whalu'n rhacs

chwap, mewn eiliad, ymhen dim	- 'whap

1. chwara [chwarae]
   chwara o gwmpas, chwara mīg
   chwara mīg, ffwti ffatian
   chwara plant
   chwara teg
   chwara'n troi'n chwerw
	- 'whare [chwarae]
	- 'whare amboutu/'bytu
	- 'whare wìc wew
	- 'whare plant bach
	- 'whare teg
	- 'whare'n troi'n 'wherw

2. chwara Diawl	- tampan
chwartar [chwarter]	- cwarter [chwarter]

GOGLEDDOL		DEHEUOL
chw'du [chwydu]	-	'hwdu [chwydu]
chwech/chwe	-	'whech
chwech o'r gloch	-	'whech o'r gloch
chwe llyfr	-	'whech llyfyr
chwechad [chweched]	-	'wheched
chweigian [chweugain]	-	'whūgen [chweugain]
chwerthin	-	'wherthin
chwibianu/chwibanu	-	'whibanu
chwilio	-	'whilo
chwilio am rywbeth	-	'whilo rhywbeth
chwinciad [a gw: "amrantiad"]	-	'whincad
fydda i ddim chwinciad	-	fydda i ddim 'whincad
mewn chwinciad	-	mewn 'whincad
chwit-chwat [anwadal]	-	wit-wat/'whit-'what
chwith	-	'whith
ar y chwith	-	ar y 'whith
o chwith	-	o 'whith/go 'whith
mynd o chwith	-	mynd o 'whith
chwithig [gw: "embaras"]		
chwrnu [chwyrnu]	-	'hwrnu [chwyrnu]
chwsu [chwysu]	-	'whysu [chwysu]
chwsu chwartia [chwartiau]	-	'whysu'n stècs [stecs]
yn chwys doman/domen dail	-	wedi 'whysu'n stècs, yn 'whys drabŵd
chwthu [chwythu]	-	'hwthu, 'whythu [chwythu]
chwyddo	-	'whyddo [chwyddo]
chwynnu	-	'whynnu [chwynnu]

D

GOGLEDDOL	DEHEUOL
da	- gwd [S: good]
mae o'n dda	- ma' fe'n gwd
da-da [melysion], fferis [fferins (S: fairings = pethau da o ffair)], minceg/minciag [S: mint cake], petha da	- loshin/loshins [loshin (S: lozenge)]
dacw fo - 'co fe [dacw fe]	
dacw fo'n fan'cw	- 'co fe fan'co
dacw fi, ti (chdi), hi, ni,	
chi, nhw, etc.	- 'co fi, ti, hi, ni, chi, nhw, etc.

[Mae'n ddiddorol nodi bod y geiriau *"dyma"* a *"dacw"* yn union gyfateb i'r ddeuair Ffrangeg *"voici"* a *"voilà"*: ymddengys na fedd y Saesneg eiriau sy'n cyfateb mor gysact.]

dadmar [dadmer], meirioli	- dadleth
dal, gafael	- dala
dal allan [honni, maentumio]	- dala mâs
dal dig	- dala dig
dal i fyny efo (rhywun)	- dala lan 'da (rhywun)
dal lladron, llygod, etc.	- dala lladron, llygod, etc.
dallt [gw: "deall"]	
damia (fo)! [a gw: "go damia!"]	- damo (fe)!
go damia fo!/go daria fo!/go drap!	- damo shwd beth!/daro shwd beth!
darfod, diweddu, gorffan/gorffen	- bennu/dibennu [pennu], cwpla [cwblhau]
darn, mymryn, tamad [tamaid], pīshyn [pisyn]	- tam/tamed [tamaid], pìshyn [pisyn]
cael tamad o ginio	- cael tam o gino
mewn un darn	- mewn un pishyn
darnau gwael o gig	- cigach
dau	- dou [dau]

GOGLEDDOL	DEHEUOL
dawn/tawn i byth o'r fan! [pe nad awn i ...], dawn i'n gleman! dawn i'n marw! dawn i'n clemio! [clem = newyn, prinder] [*S:* = *well, I never!*]	- tawn i'n glem!
deall (dallt)	- deall/dyall

1. debyg, mae'n debyg [*gw:* "mae'n ymddangos"]

2. debyg, greda i   - glei/gwlei [goelia i], sbo [does bosibl]
   ydi, debyg   - ody, glei/sbo/siŵr o fod

[Dywed rhai mai o'r S: "*suppose*" y daw "*sbo*"/"*sboso*".]

3. debyg iawn!   - wrth gwrs 'nny [hynny]!

dechreuodd, mi ddechreuodd	- dachreuodd [dechreuodd]
mi ddechreuodd o/hi grïo	- dachreuodd e/hi lefen
deffro	- di'uno [dihuno]
wyt ti wedi deffro?	- wyt ti ar ddi'un?
del, clws/tlws (tlos)	- pert
dengyd [dihengyd], dianc	- jengyd [dihengyd]
desgil [dysgl], powlan/powlen	- basn/basin
dest, bron [*gw:* "bron"]	
d'eud [dweud]	- gweud [dweud]
be' di hwnna, dŵad [dywed]?	- beth yw hwnna, gwêd?
d'eud i mi, dŵad wrtha i	- gwêd, gwêd 'tho i
d'eud wrth dy frawd pan ei di adra	- gwêd wrth dy frawd pan ei di tua thre
gad iddo dd'eud 'i dd'eud	- gad iddo 'weud 'i 'weud
d'eud y drefn/rhoi hyd a lled/rhoi llond bol	- rhoi pryd o dafod
d'eud ei hyd a'i led wrth (rywun)/rhoi ei hyd a'i led (i rywun)	- rhoi pryd o dafod i (rywun)

GOGLEDDOL	DEHEUOL
deuddag [deuddeg]	- douddeg [deuddeg]
dewis	- dewish [dewis]
does gen i ddim dewis	- s'da fi ddim dewish i ga'l
dewyrth/ewythr/ewyrth	- wncwl
di o'm ots [gw: "dim gwa'niath"]	
dianc, rhedeg i ffwrdd [a gw: "dengyd"]	- rhedeg bant
diarth [dieithr], crwydrol	- strae
ci diarth	- ci strae
diawl o dempar	- tymer y diawl
mae o mewn diawl o dempar/dymer	- ma'r Diawl ar 'i gefen e
di-baid	- lib-lab, fel pw̄ll y môr
clebran yn ddi-baid	- cloncan yn ddi-diwedd
holi'n ddi-baid, holi'n dwll	- holi fel pw̄ll y môr
difai, iawn [gw: "iawn"]	
1. difetha, distrywio	- distrŵa/strywo [distrywio]
2. difetha (plentyn)	- sbwylo
Difia'/Difiau [gw: "Dydd Iau"]	
difrifol	- enbyd
mewn cyflwr difrifol	- mewn stad enbyd
dig/yn ddig, wedi gwylltio, wedi colli tymer, yn gandryll	- crac/yn grac
peri i (rywun) golli tymer	- hala (rhywun) yn grac

wedi gwylltio'n gudyll/yn
    ulw/yn gandryll/yn gacwn
    [caclwm = 1. dicllonedd;
    2. ffured], wedi mynd yn	

holics glân	- ynfyd o grac
digalonni, torri calon	- danto [S: daunt]
wedi digalonni, wedi torri calon	- wedi danto
digon, llawnder	- gwala
dyna ddigon rŵan, mae o'n llawn	- ma' fe'n reit 'i-wala nawr

GOGLEDDOL	DEHEUOL

mae o'n rhoi 'nghynnig i yn y
   cysgod, yn sicr ddigon   -   ma' fe'n rhoi 'y nghynnig i yn y
                                          cysgod, reit 'i-wala

[Gall *"diwala"* **hefyd olygu** *"glwth"*, *"barus".***]**

digon i 'neud i mi grïo   -   digon i'n 'ala i i lefen

dig'wilydd [digywilydd], hy' [hyf],
   powld [*S: bold*]   -   eger [*S: eager*], ewn [eofn]
   mynd yn hy' (ar rywun)   -   mynd yn ewn (ar rywun)

dili-do [*gw:* "hel dail"]

dilorni, pardduo   -   dishmoli

dillad yn wlyb   -   dillad yn stècs

dim byd o'i le   -   dim yn bod
   does dim byd o'i le ar yr hogyn   -   sdim yn bod ar y bachan

dim felly [*mewn ateb i:* "wyt ti
   wedi blino?", etc.]   -   ddim fel'nny [*mewn ateb i:* "wyt ti'n
                             flin?", etc.]

dim gwa'niath [gwahaniaeth], does
   dim gwa'niath, di o'm ots,
   does dim ots   -   sdim ots

dim llawar/llawer [*mewn ateb i
   gwestiwn megis:* "beth wyt ti'n
   feddwl o ...?"]   -   dim lot

dim syniad, dim obadeia [*S: idea*]   -   dim amcan, dim clem

dim yn gall, gwirion bost, o'i go'   -   off 'i ben
   dwyt ti'm yn gall   -   'ti off dy ben
   wyt ti'n gall, dŵad?   -   'ti off dy ben, gwêd?

diodda [dioddef]   -   godde [goddef]
   fedra i ddim diodda ...   -   alla i ddim godde ...

diogi   -   jogïan

diogyn   -   pwdryn
   y diogyn! yr hen beth diog!   -   y pwdryn (i ti)!
   y gŵr diog 'na s'gen i   -   y pwdryn gŵr 'na sy 'da fi

111

GOGLEDDOL	DEHEUOL
diolch yn fawr/yn arw/yn dew	- diolch yn dalpe' [talpiau]
1. disgwyl [a gw: "aros", "bod eisiau", "edrych"]	- dishgwl [disgwyl], erfyn
faint o bres wyt ti'n disgwyl [ei] gael?	- faint o arian wyt ti'n erfyn?
ma' hi'n disgwyl [h.y., yn feichiog]	- ma' hi'n dishgwl
rydw i'n disgwyl tyrfa dda	- wy'n erfyn tyrfa dda
ydi o'n disgwyl i mi dalu?	- ody e'n erfyn i fi dalu?
2. disgwyl babi (cyn priodi), wedi bod yn y llwyn cyn bod yn y llan	- magu tipyn o fân esgyrn (disgwyl babi cyn priodi)
disgyn [gw: "syrthio"]	
distrywio [gw: "difetha"]	
diweddu [gw: "darfod"]	
diwrnod [a gw: "y diwrnod"]	- diwarnod [diwrnod]
d'o ...! [dyro], ty'd ...! [tyrd] [a gw: "tyrd"]	- der' ...! [dyro]
d'o mi banad, ty'd â phanad i mi	- der' â dishgled i fi
dod â (rhywbeth) draw	- dod draw â (rhywbeth)
dod o hyd i ... [gw: "ffendio"]	
doda/modryb/anti	- bodo/bopa/anti
dodran [dodrefn]	- celfi
dodrefnyn, celficyn [a gw: "rhyw-beth diwerth"]	- celficyn
does dim dwywaith amdani, does dim amheuaeth, sdim dwywaith	- does dim dou [dau], sdim dou
does dim llawar/llawer ohonyn nhw ar ôl	- sdim lot o' n'w ar ôl [does dim lot ...]
does gynnon/ganddon ni ddim dewis	- do's gyda ni ddim dewish i ga'l

112

13. "ARGOLEDIG!"

GLAN A MRS MAC
[CADFAN ROBERTS A IOLA GREGORY]
"Argoledig, Jean! Ma' pob gwydyr yn dal llai na'i lond!"

GOGLEDDOL   DEHEUOL

does wybod ...	-	sdim dal ...
does wybod be' ffendian nhw		
allan	-	sdim dal be' ffindan nhw
dôf [deuaf]	-	dw̄a [deuaf]
dos, cer; dos o'ma [oddi yma]	-	cer/cer o'ma [cerdda (cerdded)]

[Weithiau, yn y Gogledd, clywir y lluosog *"doswch o'ma!"* (yn lle *"cerwch/ewch o'ma!"*). Dyma ffurf hollol anghywir, sy'n merwino clust ambell un.]

dotio, ffoli/mynd yn ffol [*a gw:*		
"gwirioni"]	-	dwli
dotio ar/at ..., gwirioni ar	-	dwli ar ...
dowadd/duwadd annwl [annwyl]!		
wel, myn coblyn i!	-	diawch ario'd/erio'd! wel, y diawch
		ario'd!
drachefn	-	'lw̄eth [eilwaith]
draw, cadw draw [*gw:* "ffwrdd"]		

113

GOGLEDDOL	DEHEUOL

drewi, drewi'n annifyr [*a gw:*
   "arogli"]   -   gwynto'n gas, drewi
   drewi fel gafr   -   drewi fel bwchyn [*h.y.*, bwch
                                     gafr]

   mae hwn yn drewi/ogleuo -   mae hwn yn gwynto

drosodd [wedi dod i ben]   -   drosto
   mae o drosodd   -   ma' fe drosto

1. drwg [*h.y.*, poenus, tryblus] -   drwg/blin
   mae'n ddrwg gen i   -   mae'n ddrwg/yn flin 'da fi

2. drwg   -   ffôl
   dim yn ddrwg, go lew [*mewn ateb*
     i: "su' dach chi?/"su'
     ma'i?"]   -   ddim yn ffôl
   dydi o ddim yn ddrwg   -   so fe'n ffôl

3. drwg, sâl [*a gw:* "sâl"]   -   gwael
   wedi cael mis sâl (o safbwynt
     elw, etc.)   -   wedi ca'l mīsh gwael

4. drwg   -   niwed

   does dim drwg mewn ca'l amsar
     rhydd   -   sdim niwed miwn ca'l amser bant

5. drwg   -   gofid
   fo di'r drwg   -   *fe* yw'r gofid

6. drwg 'i dymer   -   croen 'i din e ar 'i dalcen e

drwodd/trwadd/trwodd   -   drwyddo
   dos drwodd   -   cer drwyddo
   mynd drwodd   -   mynd drwyddo
   ty'd drwodd   -   der' drwyddo

drỹll [dryll], gwn   -   drỹll [dryll]

drysu, mwydro (rhywun) [*a gw:*
   "twyllo"]   -   cafflo [*S: caffle*]

Duw-Duw [*ebychair (ysgafn?)*] -   jiw-jiw

dweud [*gw:* "d'eud"]

dw i/rwy'n [yr ydw i yn/yr
   wyf yn]   -   wy/wy'n/'wy' i

GOGLEDDOL		DEHEUOL
rydw i i fod i alw'n ôl	-	wy' i fod galw'n ôl
rydw i'n mynd rŵan	-	wy'n mynd nawr
dwlyn, ffŵl, penbwl	-	twpsyn [*ll:* twpsod]
yn hanner pan, rêl pen dafad	-	mor dwp â slej [*S: sledge =* gordd]
dwn i'm be' am *hynny*/am *hynny*, chwaith	-	sa i'n gw'bod am *'nny*/am *'nny*, 'ed [hefyd]
dŵr poeth [*S: heartburn*]	-	llosg cylla
dwyn, lladrata	-	dwgyd

[Weithiau, clywir *"dwgyd"* hefyd yn y Gogledd a *"dwyn"* yn y De.]

dychryn (rhywun)	-	brŵan/brawan [codi braw]
dydach chi ddim wedi …	-	so chi wedi …
dydi o nac yma nac acw [*gw:* "waeth (ni waeth)"]		
dydw i ddim isio [eisiau] o gwbwl	-	sdim 'whant o gwbwl arna i
dydw i ddim wedi …	-	sa i wedi …
Dydd Iau, Difia'/Difiau	-	Dydd Iau
Dydd Iau/Difiau Cablyd	-	Dydd Iau Cablyd
Dydd Iau'r/Difiau'r Drindod	-	Dydd Iau'r Drindod
Dydd Iau/Difiau [y] Dyrchafael	-	Dydd Iau'r Dyrchafael

[Pan oedd yn fachgen yng Ngwynedd, clywai'r Awdur alw Dydd Iau yn *"Difia"'* yn aml iawn: eithr ni chlywodd y gair ar lafar cyffredin ers blynyddoedd.]

dyfn/tyfn [dwfn]	-	dwfwn [dwfn]
Cymraeg cywir/pur [pwysfawr]	-	Cwmrâg [Cymraeg] dwfwn
dygymod [*a gw:* "gwneud yn iawn"]	-	ymdopi
sut ddaru ti ddygymod?	-	shwd ymdopest ti?
dyla/dylsa [dylai/dylasai]	-	dyle/dylse [dylai/dylasai]
dyma fo	-	'ma fe
dyma fi, ti (chdi), hi, ni, chi, nhw	-	'ma fi, ti, hi, ni, chi, nhw

GOGLEDDOL	DEHEUOL

dymuno [*gw:* "bod eisiau"]

dyna be' fasen *i*'n 'neud/dyna
    be' 'nawn *i*   -   'na [dyna] beth wnelen *i*

dyna ben arni hi! dyna fo!   -   'na [dyna] ddiwedd arni!

dyna'r cwbwl [cwbl]   -   'na i gyd

dynas [dynes], merch (*ll:* -ed)   -   menyw [*ll:* -od]
    merch i! [*S: woman!*] [*a gw:*
    "'ngeneth i"]   -   fenyw!

dyrnaid, cwpwl, ychydig, nifer
    fechan   -   cwplach
    ychydig nosweithia, cwpwl o
    nosweithia   -   cwplach o nosweithe

dyrnu [*gw:* "curo"]

dyrnu arni [gyda gwaith] [*a gw:*
    "tynnu 'mlaen", "pydru 'mlaen"] -   clatsho [clatsio] 'mla'n
    dyrnwch arni efo'r gwaith   -   clatshwch chi 'mla'n â'r gwaith

dysglad [dysglaid], powlennad
    [powlennaid] [*a gw:* "panad"] -   basned/basnaid

DD

---

ddo' i [fe ddeuaf i]   -   ddw̄a i
    mi ddo' i'n ôl atoch chi mewn
    eiliad   -   fe ddw̄a i'n ôl atoch chi 'whap

ddoe   -   ddo'/dwē
    bora ddoe   -   bore ddo'
    pnawn ddoe   -   prynhawn ddo'

dd'uddwn i/dd'wedwn i [ddywedwn i] -   'weden i

E

edrach [edrych], sbïo	- dishgwl
edrach/drycha di yma ...	- dishgwl/shgwl/shgwla di yma ...
edrach ymlaen	- dishgwl 'mla'n, dryched 'mla'n
edrychwch/drychwch chi yma ...	- dishgwlwch/shgwlwch chi yma ...
isio edrach ar ben (rhywun) [i weld os yw yn ei bwyll], ar 'i ben o	- isie dishgwl i ben (rhywun), i'w ben e
rydach chi'n edrach yn dda, mae golwg dda arnoch chi	- ych chi'n dishgwl yn dda
efo/hefo, gyda	- 'da [gyda]
efo fi	- 'da fi
efo ti/chdi	- 'da ti
efo fo	- 'da fe
efo hi	- 'da hi
efo ni	- 'da ni
efo chi	- 'da chi
efo nhw	- 'da nhw
roeddan nhw efo'i gilydd	- ro'n nhw 'da'i gilydd
egar/hegar [*gw:* "caled"]	
eiddew	- iorwg
llwyn eiddew	- llwyn iorwg
eirio [*gw:* "ērio"]	
eisoes, yn barod	- ishws [eisoes], yn barod
eitha [eithaf] mawr	- ītha [eithaf] mowr
eitha tro/eitha gwaith â fi/ti (chdi)/fo/hi/ni/chi/nhw	- serfo fi'n/ti'n/fe'n/hi'n/ni'n/ chi'n/nhw'n reit
ella [efallai], ẁrach [hwyrach]	- walle [efallai], falle
embaras, teimlo'n embaras, yn chwithig	- lletwhith [lletchwith], teimlo'n lletwhith
enfys	- bwa'r arch
enjoio [*S: enjoy*], mwynhau	- joio/joyo

GOGLEDDOL		DEHEUOL
mwynhau'n arw iawn/tu hwnt	-	joio/joyo mâs draw
ērio/eirio, sychu, tempran (dillad, etc.)	-	crasu, caledu (dillad, etc.)
erioed	-	byth
erioed wedi bod yn Llanelli	-	byth wedi bod yn Llanelli
ergyd [*gw:* "bonclust"]		
1. ers talwm [talm], ers meitin	-	ers amser/sbel
2. ers talwm, ers tro byd	-	ers ache [achau]

[**Fel arfer, cyfyngir** *"ers meitin"* **i ddynodi rhyw amser neu adeg blaenorol sydd, fel rheol, o fewn yr un diwrnod - bron yn ddieithriad dyna yw ei ystyr yn y Gogledd. Yn y De, sut bynnag, gall hefyd olygu rhyw amser neu adeg sylweddol yn ôl, lle dywedid yn y Gogledd** *"ers tro byd"* **neu** *"ers talwm"*. **Gellir pwysleisio pellter yr amser yn ôl trwy ddweud** *"ers meitin bach"*: **weithiau ceir ffurf gryfach eto, sef** *"ers meitin iawn"* **neu** *"ers talwm iawn"*.]

eto	-	'tō [eto]
dw i ddim wedi'i weld o eto	-	sa i 'di weld e 'tō
ewyrth/ewythr [*gw:* "dewyrth"]		

F

fama/fan 'ma [y fan yma]	-	man 'yn [y fan hyn]
yma ac acw	-	fan hyn fan draw
fan'no [y fan honno]	-	fan'ny/man'ny [y fan hynny]
fedra i ddim	-	alla i byth
fedra i mo'i 'neud o	-	alla i byth 'i 'neud e
fel [yr un ffunud â]	-	ishte [yr un sut â]
fel cwt mochyn	-	fel twlc (mochyn)
felly? ïa? yn wir? [*S: indeed? is that so?*]	-	ife? [yw e? (yw fe?)]/ife nawr?

GOGLEDDOL	DEHEUOL

[Ceir ebychiadau o'r math yma mewn sawl iaith arall, megis yr Americaneg: *"you don't say?"*; y Ffrangeg *"vraiment?"*; a'r Almaeneg *"wirklich!"*. Yn y Gogledd, yn ogystal, clywir *"tâw!"* a *"tewch!"*, sydd hefyd yn mynegi syndod golau'r gwrandawr ynghylch yr hyn sydd newydd ei ddweud wrtho.]

1. fesul ... [a *gw:* "... bob un"]   -   bobo ...
    fesul un, fesul dau, fesul
       tri, etc.   -   bobo un, bobo ddau, bobo dri,
           etc.

2. fesul tipyn/ychydig [*gw:* "bob
    yn damaid"]

fo/'o [*gynt:* efô]   -   fe/'e [*gynt:* efê (efe)]

frech ieir, y frech ieir   -   brech yr ieir

'fyd, hefyd   -   'ed/'fyd/hefyd
    roedd *o* yno hefyd   -   o'dd *e* 'na 'ed

fyny/i fyny [i fynydd]   -   lan [i lan (glan), i'r lan]
    i fyny'r grisia   -   lan lofft, lan llofft, lan sta'r
               [staer]
    i fyny 'nhrwyn i   -   lan 'y nhrwyn i
    i fyny'r stryd   -   lan 'rhewl
    tyfa i fyny, 'nei di?   -   tŷf lan, 'nei di?

FF

ffafr   -   ffafar/ffafwr [ffafr]

ffasiwn beth [*gw:* "rotsiwn beth"]

ffeito, wmla'   -   cwffio, ymladd

ffendio/ffeindio [*S: find*], dod
    o hyd i ...   -   ffindo

fferis [*gw:* "da-da"]

fferru, rhewi   -   sythu
    rydw i bron â fferru/rhewi   -   wy' i bytu sythu

119

GOGLEDDOL		DEHEUOL
ffilmio	-	ffilmo
ffisig, meddyginiaeth	-	moddion
fflachio mēllt [mellt], g'leuo dreigia [goleuo dreigiau]	-	bwrw gole [golau]
fflïo	-	hedfan
ffoli [*gw:* "gwirioni"]		
ffolt [*gw:* "buarth", "corlan"]		
fforddio	-	ffordo/ffwrdo
ffowlyn [*gw:* "cyw iâr"]		
ffraeo [*gw:* "cweryla"]		
ffrwytho [*gw:* "mwydo"]		
ffunud, sbit	-	poerad
yr un ffunud, yr un sbit	-	yr un boerad
ffŵl	-	ffwlsyn [ffylyn = ffŵl bach], mwlsyn, twpsyn
y ffŵl gwirion	-	y mwlsyn dwl, y twpsyn
ffwrdd/i ffwrdd [ffordd = ymaith]	-	bant [i bant (pant)]
cadw i ffwrdd, cadw draw	-	cadw bant
cymryd bore rhydd (o'r gwaith, o'r ysgol, etc.)	-	cymryd bore bant
dianc, rhedeg i ffwrdd	-	rhedeg bant
dod o ffwrdd	-	dod o bant
ffwrdd â ni/chi/nhw, etc.	-	bant â'r cart
mi taflais i o i ffwrdd	-	dowles i e bant
rydw i'n mynd [i ffwrdd] (rŵan) [*h.y.*, rŵan hyn, yn syth bin]	-	wy' i bant (nawr)
torri (rhywbeth, megis coes) i ffwrdd	-	torri (rhywbeth) bant
troi/torri'r dŵr/ffôn/nwy/ trydan i ffwrdd	-	troi/torri'r dŵr/ffôn/nwy/trydan bant

14. "CAU DY HOPRAN!"

MEIC PIERCE A DEREK
[GARETH LEWIS A HYWEL EMRYS]
"Cau dy hen hopran fawr am unwaith, Derek, a ty'd i fyta dy ginio, 'nei di!"

GOGLEDDOL   DEHEUOL

G

GOGLEDDOL		DEHEUOL
gadal [gadael] y gath allan o'r cwd	-	gadel [gadael] y gath mâs o'r cwd

gadal [gadael] llonydd i (rywun)
    gad lonydd i mi
	-
	-
		gadel [gadael] i (rywun) fod
		    gad fi fod

(chi) gafodd	-	(chi) gāth, gās
gafael/cymryd gafael [*a gw:* "dal"]	-	cydied/cytied/citshio [cydio]

gallt, rhiw
    i fyny'r allt
	-
	-
		llethr, rhiw, tyle
		    lan y rhiw

gallu, medru (gwneud rhywbeth)
    medru ogleuo rhywbeth o bell
	-
	-
		galler (gwneud rhywbeth)
		    galler gwynto rhywbeth o bell

1. gan/gen/gin [*a gw:* "efo"]
    gen i
    gen [gennyt] ti
    gynno [ganddo] fo
	-
	-
	-
	-
		'da [gyda]
		    'da fi
		    'da ti
		    'da fe

GOGLEDDOL		DEHEUOL
gynni [ganddi] hi	-	'da hi
gynnon [gennym] ni	-	'da ni
gynnoch [gennych] chi	-	'da chi
gynnon [ganddyn] nhw	-	'da nhw
mae gen i hawl i w'bod/gael		
gw'bod	-	ma' 'da fi hawl gw'bod
mae gen i un	-	ma' un 'da fi
mae gen i waith i'w 'neud	-	ma' 'da fi waith i 'neud
mae'n rhaid i mi ddal trên	-	ma' 'da fi drên i ddala

[**Mewn ambell fan yn y Gogledd, fe ddywedir** *"mae efo fi un"*, *"mae un efo fi"*.]

^{2.} gan bwyll bach	-	fesul tipyn

^{3.} gan 'i fod o/'i bod hi/'u bod		
nhw [*a gw:* "oherwydd"]	-	gan bo fe/hi/nhw

gartra [gartref], adra [adref]	-	gatre [gartref], tua thre/thref
		[adref]

[**Yn y De, tueddir i orddefnyddio** *"gatre/gartref"*: **yn y Gogledd, tueddir i orddefnyddio** *"adra/adref"* - **y naill fel y llall, yn aml, heb fod yn ramadegol gywir yn ei gyswllt. Gwir ystyr** *"adref"* **yw (S)** *"homewards"*: **gwir ystyr** *"gartref"* **yw (S)** *"at home"*. **Mae gan yr Almaeneg, hefyd, dermau sy'n union gyfateb. Gellid felly:** *"adref"* = *"tuag adref/homewards/nach Hause"*, **a** *"gartref"* = *"yn y cartref/at home/zu Hause"*.]

garw/gerwin [*gw:* "calad"]		

gawsoch/geuthoch/gysoch [cawsoch]	-	gethoch [cawsoch]
gawsoch/geuthoch/gysoch chi		
amsar da?	-	gethoch chi amser da?

geiria [geiriau]	-	geire [geiriau]

gen [*gw:* "efo"]		

geneth/hogan [*ll:* gennod (hog-		
ennod)/genethod]	-	croten [*ll:* crots], rhoces
		[**ll:** rhocesi]

geneth fach, hogan bach/hogan		
fach	-	croten fach

gerwin [*gw:* "calad"]		

geuthoch [*gw:* "gawsoch"]		

122

GOGLEDDOL	DEHEUOL
giât, llidiart	- gât, clwyd, ièt [iet]
gingron/cingron [*gw:* "penci"]	
glân, llwyr, swp	- shwps [siwps]/tshiwps [tsiwps]
wedi blino'n lân	- wedi blino'n shiwps/tshwps
glanhau [*gw:* "llnau"]	
glasiad [*gw:* "gwydriad"]	
glaswellt/gwelltglas, gwair	- porfa
lladd gwair	- torri porfa

[**Mae'n debyg y dywedid** *"torri porfa/gwair/glaswellt"* **am y lawnt, a** *"lladd gwair"* **am fedi llond cae (S:** *"to mow"*)**.**]

g'leua hi [goleua hi], g'leua hi	
o' ma	- hwpa dy gwtsh [gwts], gwadna hi,
	bagla hi, bagla hi o'ma
glin [*gw:* "côl"]	
gloshys [*S: galoshes*]	- closhwns
glöyn byw	- iâr fach yr haf
glwth [*gw:* "barus"]	
g'neud [*gw:* "gwneud"]	
go damia!/daria!/drapia! [*a gw:*	
"damia!"]	- damo!
go dda ei fyd, trwsiadus, blonegog	- teidi/tidi, rhywbeth teidi
gwisgo'n dalcus/dwt	- gwisgo'n deidi
ma' eitha bloneg arno fo	- ma' fe'n ītha tidi
go lew [glew], gweddol	- ītha [eithaf] da, gweddol
gobeithio	- gobeitho/gobitho [gobeithio]
gofal	- câr [*S: care*], gofal
cymer ofal	- cymer gâr
gofalu am ..., gwylio dros ...	- carco
gofalus, gwyliadwrus	- carcus
bydd yn ofalus, cymer ofal	- bydd yn garcus

GOGLEDDOL		DEHEUOL
goglais	-	coglish [goglais]
golau/goleuo	-	cynnau/cynnu
golchiad	-	golch/golchad
1. golwg [*gw:* "cip"]		
2. golwg smart	-	torrad da
rwyt ti'n edrach yn smart heddiw	-	mae 'na dorrad da arnat ti heddi
golygus, hoffus [*a gw:* clir]	-	nêt [*S: neat*]
bachgan hoffus/golygus	-	bachan nêt
gollwng [*gw:* "gwllwn"]		
gora [gorau] oll	-	gore [gorau] i gyd
gorffen [*gw:* "darfod"]		
gorffan/darfod efo chdi/gorffan efo'n gilydd [dau gariad]	-	bennu 'da ti/bennu 'da'n gilydd [sboner a wejen]
gorgynnil [*gw:* "cybyddlyd"]		
'goriad [agoriad]	-	allwedd
gorod [gorfod]	-	goffod [gorfod]
gorweddian/gorfeddian	-	gorweddach/gorweddan
gosod, rhoi	-	dodi
dannedd gosod	-	dannedd dodi
gwallt gosod	-	gwallt dodi
rhoi pwysau, rhoi stôn	-	dodi pwyse 'mla'n, dodi stôn 'mla'n
gradall/grindil [gradell] [ar gyfer pobi bara, etc.]	-	planc, llechwan [llechfaen]
greda i [*gw:* "debyg"]		
grwgnach [*gw:* "cwyno"]		
gwaeth	-	gwa'th [gwaeth]
gwagio	-	gwacáu

GOGLEDDOL	DEHEUOL

gwair [*gw:* "glaswellt"]

gwaldio [*gw:* "waldio"]

gwallgo [gwallgof = wedi colli
    tymer], o'i go [cof]   -   dwl/dwl bost
    fe aen nhw'n wallgo/o'u coua
    pe baen nhw'n gw'bod   -   elen nhw'n ddwl bost sen nhw'n
                           gw'bod

gwarad [gwared] [*gw:* "cael gwarad"]

gwario (arian) [*gw:* "afradu"]

gwartheg, catel   -   da

gwas/'ngwas [*gw:* washi"]

gwastraffu   -   afradu
    gwastraffu amser, tindroi   -   afradu amser, 'whilibawan
                           [chwilbawan]

gwastraffus [*gw:* "afradus"]

gw'bod [gwybod]   -   gw'bod/gw'pod [gwybod], dal
    does w'bod be' ffeindian nhw
    allan   -   sdim dal be' ffindan nhw
    does dim gwybod pryd/'does
    w'bod pryd   -   sdim dal pryd

gweddw   -   gwidw/widw

gweithio (cyflawni gwaith) [*a gw:*
    "llunio"]   -   gweitho/gwitho [gweithio]

gwella [o afiechyd], confalesio,
    criwtio [*S: recruit* (hen ystyr)] -   geino [*S: gain = regain*]

gweniaith, ffalster/ffalstra [*S:
    flattery*] [*a gw:* "mwytha"]   -   maldod
    paid â gwenieithu, paid â
    ffalsio   -   gād dy faldod

gwenyn meirch [*a gw:* "cacwn"] -   cachgi bwm

gwelltglas [*gw:* "glaswellt"]

gwirion, [penwan, ynfyd] [*a gw:*
   "dim yn gall", "yn wirion"]   -   twp, ffôl, penwan
  fy ngyrru i'n wirion   -   yn hala i'n benwan
  g'neud rhywbeth gwirion   -   g'neud rhywbeth twp
  peth gwirion i'w dd'eud   -   peth twp i 'weud

gwirioni, dotio, ffoli   -   hurto/dwli
  roedd taid wedi gwirioni   -   o'dd ta'-cu wedi dwli/hurto
  rydw i wedi ffoli/gwirioni
    amdanat ti!   -   wy' i'n dwlu arnot ti!

1. gwisgo   -   gwishgo [gwisgo]

2. gwisgo [colli pwysau (oherwydd
    afiechyd, etc.)]   -   cilo
  mae o wedi gwisgo   -   ma' fe wedi cilo

gwllwn/gillwn [gollwng]   -   gwllwn [gollwng]

gẁn [*gw:* "dryll"]

gwneud llanast [*gw:* "cymysgfa"]

gwneud smonach, malu (rhywbeth)
    [*a gw:* "smonach"]   -   blawdo
  dyna ti wedi 'i g'neud hi   -   rwyt ti wedi 'i blawdo hi

gwneud y tro [*gw:* "iawn"]

gwneud yn iawn, dygymod, llwyddo,
    manijo   -   ymdopi

gwneud (rhywun) yn sâl   -   hala (rhywun) yn dost

gwranda   -   grinda/gronda/grynda

gwrando   -   grindo/grondo/gryndo

gwreichionen, sbarc   -   sbarc/sbarcen

gwrido [*gw:* "cosi"]

gwrcath/cwrcath, cath wrw [gwryw] - gwrcyn/cwrcyn

gwrthban [*gw:* "blanced"]

gwrthod [*gw:* "cau"]

GOGLEDDOL	DEHEUOL
gwrych	- perth, clawdd
gwthio, hwbio	- hwpo [hwpio]
gwthio, cnocio (tipyn o)	
synnwyr i'w ben o	- hwpo (tipyn o) synnwyr i'w ben e
gwthio berfa	- hwpo whilber
gwybod [*gw:* "gw'bod"]	
gwydriad, glasiad [glasiaid]	- gwydred [gwydraid], glased [glasiaid]
gwylio dros ... [*gw:* "gofalu am ..."]	
gwyllt [*a gw:* "dig/yn ddig"]	- crac
gwylltio	- gwylltu
gwylltio am ddim	- gwylltu am ddim
gwylltio efo (rhywun)	- gwylltu 'da (rhywun)
gwyn fel y galchen	- gwyn fel shīten [*S:* sheet]
gwynen [*cf:* gast yn "cwnna", buwch yn "wasod" (gofyn tarw)]	- marchus [(caseg) yn dymuno march]
gyda [*gw:* "efo"]	
gynna [gynnau] [ychydig amser yn ôl]	- gynne [gynnau] fach
gyrru (llythyr) [*gw:* "anfon"]	

NG

'ngeneth i [fy ngeneth i], 'merch i [fy merch i]	- gw-gyrl [*S: good girl*]
gwranda di arna' i, 'ngeneth i	- gwrando di arno i, gw-gyrl
yli di yma, 'merch i	- shgwla di yma, gw-gyrl
'ngwas i [*gw:* washi"]	

GOGLEDDOL	DEHEUOL

H

haidd	-	barlish [barlys]
hances (boced) [*gw:* "cadach"]		
hannar/hanner lladd	-	darn ladd/dàr 'ladd
md [dy] hannar ladda i di	-	mi na i dy ddàr 'ladd di
hanner munud! [*S: just a mo!*		
hold on!]	-	gan bwyll!

[**Yn Llŷn a mannau eraill, clywir weithiau** "*dal dy ddŵr!*", **a hyd yn oed yr erthyl** "*dal ar!*".]

haul	-	houl [haul]
hawdd	-	rhwydd
dydi o ddim yn hawdd iawn	-	so fe'n rhwydd iawn
haws d'eud na g'neud	-	haws gweud na 'neud
heddiw/hiddiw [heddiw]	-	heddi/'eddi [heddi]
hefyd, yn ogystal [*a gw:*		
"chwaith", "'fyd"]	-	'ed/'fyd/hefyd
heffar/heffer	-	anner
hegar/egar [*gw:* "calad"]		
heibio	-	heibo/hibo [heibio]
hel	-	casglu/clasgu
hel bygythion, mynd i gw̄r [gwrdd]		
gofidia/petha	-	mynd o fla'n gofid
hel clecs [*gw:* "clebran"]		
hel dail, dili-do	-	mân glebranach
hel esgusion	-	hela esgusodion
hel gormod o glecs, clebran gormod	-	tshopsan [tsiopsian] gormod
hel merched [*gw:* "tsheshio"]		

15. "HOGIA CLÊN"

Y DIWEDDAR HARRI PARRI A'R DIWEDDAR BARCH. T. L. THOMAS
[CHARLES WILLIAMS A DIC HUGHES]
"Hen hogia clên fydda i'n gweld trigolion Brynawelon 'ma bob amsar, w'chi, T.L."

GOGLEDDOL   DEHEUOL

hel meddylia [meddyliau] - 'whalu meddylie [meddyliau]

1. hel straeon, cario straeon - cario clecs

2. hel straeon, malu, siarad - 'whilia [chwedleua]
    am be' 'dach chi'n hel straeon? - beth ych chi'n 'whilia?
    am be' ma' hwn yn malu? - be' ma' hwn yn 'whilia aboutu?
    wyddost ti ddim am be' w't
      ti'n siarad - 'ti ddim yn gw'bod am be' 'ti'n
          'whilia

helbul/helynt [*gw:* "traffa'th"]

herian [*gw:* "cellwair"]

het - hat [het]
    allan o'r het - mâs o'r hat

hetar [*gw:* "haearn smwddio"]

herian [*gw:* "cellwair"]

129

GOGLEDDOL	DEHEUOL
hewian, swnian	- cintachu
hidio [a gw: "malio", "poeni"]	- hido, becso
dw i ddim yn hidio, sdim ots	
gen i	- sai'n hido, sdim ots 'da fi
dydi o'n hidio dim am neb	- so fe'n hido dim am neb
hidia/hidiwch befo	- paid/pidwch becso
hoffus [gw: "golygus"]	
hogan/geneth [ll: genod/gennod	
(hogennod)], merch ifanc [a gw:	
"hogyn"]	- croten [ll: crots], lodes [ll: lod-
	esi], rhoces [ll: rhocesi]
hogan fydd hi (am fabi)	- croten fydd hi
hogan ysgol	- croten ysgol
hogan bach/hogan fach [gw: "geneth	
fach"]	
hogan ddel, peth ddel, pìshyn	
[pisyn]	- clatshen [clatsien] smart, pīshyn
	[pisyn]
hogyn [ll: hogia (hogiau)],	
bachgan [bachgen] [ll: bechgyn]	
[a gw: "bachgan"]	- crwt [ll: crots/cryts/crytiaid]
arweinydd giang, un mawr	
ymhlith rhai bach	- capten cryts/crytiaid
hogyn fydd o (am fabi)	- crwtyn fydd o
hogyn ysgol	- crwt ysgol

[Ym Môn, dywedir "hogia" am enethod hefyd.]

holi a stilio	- holi a 'whilo
holi'n ddi-baid, holi'n dwll	- holi fel pw̄ll y môr
holl ffordd, yr holl ffordd	- pentigili
mi es i efo fo yr holl ffordd	- es i 'da fe pentigili
hollol, union	- cwmws [cymwys]
yn hollol, yn union	- yn gwmws
hon, hwn, yma	- hyn
y bachgan yma/hwn	- y boi hyn
y ddynes yma/hon	- y fenyw hyn

130

GOGLEDDOL		DEHEUOL
y lle yma/hwn	-	y lle hyn
yma ac acw	-	fan hyn fan draw
hopran [*gw:* "ceg"]		
hosan [*gw:* "celc"]		
hufen iâ [*weith:* hufen rhew]	-	hufen iâ
hurt bost	-	dwl bost
hwbio [*gw:* "gwthio"]		
hwda [hwde], hwdiwch	-	cwmer/cymer/cymra, cymerwch/ cymrwch
hwn [*gw:* "hon"]		
hwylio/hulio bwyd	-	rhoi bwyd ar y ford
hwyr	-	diweddar
mae'n rhy hwyr	-	mae'n rhy ddiweddar
rwyt ti'n hwyr	-	wyt ti'n ddiweddar
yn hwyr y dydd	-	yn ddiweddar ar y dydd
hy' [hyf] [*gw:* "di'gwilydd"]		
hyll	-	salw
hynod, anghyffredin	-	budur/bidir
un hynod, tipyn o gymêr [gymeriad]	-	bachan bidir
llifogydd anghyffredin	-	llifogydd bidir

I

i fyny [*gw:* "fyny"]		
i ffwrdd [*gw:* "ffwrdd"]		
i gythrel/i'r Diawl â nhw!	-	twll iddyn nhw!
i mewn [*gw:* "mewn"]		
i mi	-	i fi

GOGLEDDOL	DEHEUOL
ïa? [*gw:* "felly?"]	
iâr [*ll:* ieir]	- giâr [*ll:* geir (gieir)]
iâr fach yr haf [*gw:* "glöyn byw"]	
iau	- afu
iawn, difai [boddhaol, gwneud y tro]	- nêt
mi wnaiff y pwll nofio'n iawn	- fe neith y pwll nofio'n nêt
ienga [ieuengaf]	- ifanca [ifancaf]
igam-ogam/miga-moga	- mingi-mongam/wingi-wangam
igian/ugian [ugain]	- ucen/ugen
ildio [rhoi i fyny]	- ildo [rhoi lan]
isel	- ishel [isel]
ised	- isheled
is	- ishelach
isaf	- ishelaf
isio [*gw:* "angan"]	
ista [eistedd]	- ishte [eistedd]
ista di, stedda di	- ishte di [eistedd di]

J

jarff, jarffas/jarffes, peunes (*eb*), swelan (*eb*)	- swancyn (*eg*), swancen (*eb*)
jarffio [torsythu o swagro]	- swagran/swagro
jehôi [*gw:* "iawn"]	
jêl, carchar	- ja'l [jael]
joban/job	- jobyn/job
jogio, loncian	- jogan
jwg (mawr) [*S: pitcher*]	- stên [ystên]

GOGLEDDOL	DEHEUOL

L

lawar [llawer] tro/lawar i dro	- sawl gwaith
liciwn, mi liciwn i [fe hoffwn i]	- licen/licen i/licsen i
lobsgows [*gw:* "cawl", "cymysgfa"]	
lol	- dwli
lol wirion, lol botas maip	- dwli dwl
loncian [*gw:* "jogio"]	

LL

llabwst mawr/llabwst heglog, crwmffast [crynffast] o hogyn	- labwst mowr
lladrata [*gw:* "dwyn"]	
llaeth, llaeth enwyn [*a gw:* "llefrith"]	- enwyn, lla'th enwyn, lla'th efrith
1. llanast [*gw:* "cybolfa", "cymysgfa"]	
2. llanast [methiant]	- ffradach/ffladracs
a'th 'i briodas o'n llanast	- a'th 'i briodas e'n ffradach
mi eith y cwbwl yn fethiant/yn deilchion dan yn (ein) dwylo ni	- eith y cwbwl yn ffradach dan yn (ein) dwylo ni
3. llanast [*gw:* "cawl"]	
llawnder [*gw:* "digon"]	
llechan [llechen]	- slaten
ar y llechan .	- ar y slaten
llefrith [*a gw:* "llaeth enwyn "]	- lla'th [llaeth]
llenwi	- llanw
'i lenwi o	- 'i lanw fe

GOGLEDDOL	DEHEUOL
lleuan [lleuen] [*ll:* llau]	- llouen [lleuen] [*ll:* llou (llau)]
llewygu [llesmeirio] [*a gw:* "llwgu"]	- pango
mi lewygais i	- fe banges i
mewn llewyg	- mewn pangfa
llidiart [*gw:* giât]	
llipryn, llafn, llefnyn, glaslanc	- llencyn, glaslanc
llnau [glanhau]	- clau/cnau [glanhau]
1. llond bol	- llond bola
2. llond bol o ddiod	- llond cratsh [crats = caets, cawell] o ddiod

[**Clywir** *"catsh bara"* **yn y Gogledd am fol neu stumog.**]

GOGLEDDOL	DEHEUOL
llond ceg [*a gw:* "hyd a lled"]	- llond pen
cael llond ceg	- ca'l llond pen
rhoi llond ceg	- rhoi llond pen
lluchio, taflu	- towlu/twlu
lluchio rhywbeth i ffwrdd	- towlu rhywbeth bant
taflu llwch i lygad (rhywun)	- towlu dwst i lygad (rhywun)
taflu pres i ffwrdd	- towlu arian bant
lludw	- lludu
llunio [rhywbeth â llaw (megis dilledyn, teisen, etc.)] [*a gw:* "gweithio"	- gweitho/gwitho [gweithio]
llwch	- dwst
mi fuo farw o'r llwch	- fe fuodd e farw o'r dwst
taflu llwch	- towlu dwst
llwfr	- llwfwr/llyfwr [llwfr]
llwgu [*a gw:* "llewygu"]	- newynu/starfo
llwyddiant	- bwcwl [bwcl]
dod i ben (yn llwyddiannus)	- dod i fwcwl
llwyddo [*gw:* "gwneud yn iawn"]	

GOGLEDDOL		DEHEUOL
llwynog [*ll:* llwynogod]	-	cadno [*ll:* cadnoid (cadnoaid)]
llyfr [*ll:* llyfra (llyfrau)]	-	llyfyr [llyfr] [*ll:* llyfre (llyfrau)]
llyfu	-	llio
llyffant [*ll:* llyffantod, llyffaint]	-	broga [*ll:* brogaid (brogaed)]
llymad [llymaid], dropyn [tropyn]	-	diferyn

M

| 'mach i [fy mach i], 'mechan i | - | bach |
| ty'd, 'mach i | - | dere, bach |

[**Yn aml, yn y Gogledd, clywir** *"cariad"* **a** *"del"*.]

maeddu [*gw:* "baeddu"]

mae'n debyg [*gw:* "mae'n ym-
    ddangos"]

| mae'n rhaid i mi ddal trên | - | ma' 'da fi drên i ddala |
| mae'n ymddangos [*h.y.,* yn bendant] | - | mae'n debyg [*h.y.,* yn bendant] |

[**Yn y Gogledd, mae i** *"mae'n debyg"* **ystyr llawer llai pendant (sef (S)** *"probably"*).]

maharan/maharen	-	hwrdd
mai	-	tàw [taw]
mi dd'wedist ti mai Ifor oedd o	-	'wedest ti tàw Ifor o'dd e
malio, hidio [*a gw:* "poeni"]	-	becso [*S: vex*]
does neb yn malio botwm corn/		
yn hidio'r un ffeuan	-	sneb yn becso dam
paid ti â phoeni, 'washi	-	paid ti becso, 'machan i
poeni cymaint, poeni fel yna	-	becso shwd gymaint
[1.] malu	-	rhacso
malu ceir	-	rhacso ceir

135

GOGLEDDOL	DEHEUOL
2. malu [*gw:* "hel straeon"]	
3. malu (rhywbeth) [*gw:* "gwneud smonach"]	
4. malu awyr	- 'whalu [chwalu] baw
5. malu'n deilchion [*gw:* "chwalu"]	
malwan/malwen	- malwoden
mân bethau, pethau diwerth [*a gw:* "pethau"]	- pethach/pethech [petheuach]
manijo [*gw:* "gwneud yn iawn"]	
marw	- trigo [anifail yn unig]
mawr	- mowr [mawr]
medru [*gw:* "gallu"]	
medda [meddai] meddwn i, meddat ti, medda' fo, hi, etc.	- mynte - mynte fi, ti, fe, hi, etc.
meddw	- shirobyn
meddwl [*a gw:* "coelio, credu"] dydw i ddim yn meddwl ...	- credu - sa i'n credu ...
meddyginiaeth [*gw:* "ffisig"]	
meddyllgar mae gen i ŵr meddylgar	- ystyriol - 'na ŵr ystyriol sy 'da fi
meipan [meipen], rwdan [rwden], [*ll:* rwdins (*S: rootings*)], swejan [*S: swede*]	- erfinen/sweden
meirioli [*gw:* "dadmar"]	
melan, y felan	- malen, y falen
melltan/mellten mynd fel mellten	- llecheden/llycheden - mynd fel llecheden

[**Ym Morgannwg, dywedir** *"llecheten/llechetan"* **yn yr ystyr** *"dyrnod mellten".*]

16. "LLIPRYN"

TEG A CASSIE
[YOLAND WILLIAMS A SUE RODERICK]
"Mi 'dw i'n dy nabod ti bellach, Cassie.
Mi fedrat ti fyta llipryn fel y Rod bach 'na i frecwast unrhyw dd'wrnod!"

GOGLEDDOL	DEHEUOL
menthyg [*gw:* "benthyg"]	
merch [*gw:* "dynas"]	
methedig	- ffaeledig
plentyn, etc. methedig	- crwt, etc. ffaeledig
[1.] methu [*gw:* "cau"]	
[2.] methu	- ffilu/ffaelu
mi fethis/fethais (i)	- ffiles i
mi fethist/mi fethaist (ti)	- ffilest ti
mi fethodd (o/hi)	- ffilodd e/hi
mi fethon (ni)	- ffilon ni
mi fethoch (chi)	- ffiloch chi
mi fethon (nhw)	- ffilon nhw
mewn, i mewn	- miwn [mewn]
dos i mewn	- cer miwn
ty'd i mewn	- der' miwn
mewn eiliad [*gw:* "chwap"]	

GOGLEDDOL	DEHEUOL
mi fasa fo [*gw:* "basa"]	
mi faswn i [*gw:* "baswn"]	
mi fydda i'n ôl mewn/'mhen [ymhen] chwinciad/eiliad/dim	- fydda i'n ôl 'whap [chwap]
mi gēs i (rywbeth)	- fe getho i (rywbeth)/fe gēs i …
mi o'dd o/mi ro'dd o [yr oedd o]	- fe o'dd e
mi ro i [fe roddaf i] mi ro i bres i ti	- fe roia i - fe roia i arian i ti
mi wyddost ti be' 'dw i'n feddwl/ olygu	- 'ti'n gw'bod be' s'da fi
minceg/minciag [*gw:* "da-da"]	
mis Mis Chwefror	- mīsh [mis] - Mīsh Bach
mistar [meistr]	- mishtir [meistr]
moch [*ll*]	- pyrcs, moch
modryb/doda/anti	- bodo/bopa/anti
moerio, pysgota	- genweirio, pysgota

[Yn Nefyn, ystyr *"moerio"* yw pysgota'r gwaelod - megis dal lledod.]

molchi [ymolchi] rydw i isio molchi cyn mynd	- ymolch/wmolch/molchi [ymolchi] - wy'n moyn ymolch cyn mynd

mopio
  rydw i wedi mopio amdanat ti/
    efo chdi
	- dwl bòst
	
	- wy' i'n ddwl bòst ambythdu ti

mor [*gw:* "cyn"]	
moron, caraintsh	- garetsh [caraits]
mul [*gw:* "asyn"]	
mwd [*gw:* "baw lleidiog"]	

GOGLEDDOL	DEHEUOL
mwmian/mwngian,siarad drwy'r trwyn [*h.y.*, siarad yn aneglur]	- mwmblach, byta geire' [geiriau]
mwtrin [*gw:* "poitsh"]	
mwya'r c'wilydd [mwyaf y cywilydd] i ti arnat ti	- ddyle fod c'wilydd [cywilydd]
mwydo, ffrwytho, stwytho [ystwytho] gadal i'r te fwydo/ffrwytho/ stwytho	- rhoi yn wlych [*hef* yn Llŷn] - gadel i'r te roi
mwydro [*gw:* "drysu"]	
mwynhau [*gw:* "enjoio"]	
mwytha [moethau] [*a gw:* "gwen-iaith"] mwytho, rhoi mwytha	- maldod - maldodi
my'ddrwg/m'wrddrwg [mawrddrwg]	- plentyn drygionus
mygu	- mogi
mygyn, smôc	- mwgyn
1. mymryn [*a gw:* "affliw", "darn"] dim mymryn o ddiddordeb	- bripsyn - dim bripsyn o ddiddordeb
2. mymryn bach, y nesa peth i ddim [*hef:* "criglyn" yn Arfon] y nesa peth i ddim cwsmeriaid	- crugyn [cruglyn] - crugyn o gwsmeriaid

[Yn Llŷn ac Eifionydd, dywedir *"ron bach/rom bach" (gronyn bach)*.]

myn uffarn [uffern] i! uffarn dân! uffernol [o hen, etc.]	- yffach gols! [colsyn = glo byw] - yffachol [o hen, etc.]
mynd am dro mynd am dro/am reid yn y car	- mynd am wâc [*S: walk*] - mynd am reid/am wâc yn y car

GOGLEDDOL	DEHEUOL

[Yn rhesymegol ddigon, tynnodd un o'r Golygyddion i sylw'r Awdur mai ystyr *"wāc"* yw *"cerdded"*. Ac felly, na ellir *"mynd am wāc"* mewn car. Digon gwir. Y rheswm y cynhwyswyd yr ymadrod yn y ffurf yma oedd ar sail tystiolaeth y diweddar hen wag, y Doctor D. Tecwyn Lloyd, a sgrifennodd at yr Awdur: "Un o'r dywediadau odiaf yng ngorllewin Sir Gâr oedd - ac yw - *'mynd am wāc yn y car'*. Mae'n gwneud i chi feddwl am gar heb lawr, a'r teithwyr yn rhedeg ar wyneb y ffordd drwyddo!" Serch hynny, fe'i defnyddir.]

mynd i gŵr [gwrdd] gofidia [*gw:*
   "hel bygythion"]

mynd i oed [*gw:* "tynnu 'mlaen"]

mynd yn wirion bōst   -   mynd off 'i ben

N

GOGLEDDOL		DEHEUOL
nag 'di/nac 'di [nac ydyw]	-	na' dy
nag 'dyn/nac 'dyn [nac ydynt]	-	na 'dyn
nacw'n fan'cw	-	hwnco-manco
nain	-	mam-gu
negas/neges]	-	neges
nesa peth, y nesa peth i ddim [*gw:* "mymryn"]		
nifer fechan [*gw:* "dyrnaid"]		
nid...	-	nage .../dim ...
nid ar chwara bach	-	nage/dim ar 'whare bach
nid dyna'r pwynt	-	nage/dim 'na'r pwynt
nid fel yna mae	-	nage/dim fel yna mae
niwed [*gw:* "anaf", "brifo"]		
noeth (lymun)	-	porcyn
hanner noeth	-	hanner porcyn
merched noeth/noethion	-	menywod pyrcs

GOGLEDDOL	DEHEUOL

nofio, ymdrochi
   mynd i nofio [*hef:* mynd i
     ymdrochi
	- oefad [(m)oefad/(m)ofiad/nofiad]
	
	 - mynd i oefad

[Sylwer y defnyddir *"oefad"* am *"ymdrochi"* yn ogystal (yn yr afon/môr, etc., o'i wrthgyferbynnu â mewn baddon, etc. - nad yw o angenrheidrwydd yn cynnwys *"nofio"*).]

nôl [ymofyn, cyrchu]
   mi ddo i i'r stesion i dy
     nôl di
   mynd i nôl Megan
	- ôl
	
	 - fe ddw̄a i i'r stesion i dy ôl di
	 - mynd i ôl Megan

noson [*ll:* nosweithia (nos-
     weithiau)]
	- nosweth [*ll:* nosweithe/noswithe
	       (nosweithiau)]

O

'o/fo [*gynt:* efô]	- 'e/fe [*gynt:* efē (efe)]

o ddifri [difrif] [*S: genuine*]
   rydw i o ddifri' y tro yma/
     dydw i ddim yn cellwair y
     tro yma
	- jonac
	
	 - wy'n jonac tro hyn

o gwmpas, o'i gwmpas o [*gw:* "amdan"]	
ocsiwn	- acsiwn
oen llw̄ath/llyweth [lywaeth]	- o'n [oen] swci
oer	- o'r [oer]
oerni	- oerfel

[Yn y Gogledd, ystyr *"oerfel"* yw *"annwyd"* (S: *chill*).]

1. oes [*ateb i:* "a oes?"]	- o's [oes]
2. oes [bywyd, einioes] ers oes mul/oes pys	- o's [oes] - ers o's donci

GOGLEDDOL	DEHEUOL
ofn	- ofan/ofon
ofnadwy	- ofnadw'
ogla/oglau [*gw:* "arogl", "arogli"]	
oherwydd, gan	- achos, gan

oherwydd/gan mai fi dalodd, fi
    gaiff y fantais
	- gan/achos tàw fi dalodd, fi gaiff
	    y fantais

o'i go' [*gw:* "yn wirion bōst"]	
ôl, hôl, hola [holau]	- gôl, ôl
edrych ar 'i ôl o	- dishgwl ar 'i ôl e
edrych ar 'i hôl hi	- dishgwl ar 'i gôl hi
edrych ar 'u hola nhw	- dishgwl ar 'u gôl nhw
os gwelwch yn [chi'n] dda	- os gwelwch [chi] fod yn dda
os gweli'n [gweli di'n] dda	- os gweli [di] fod yn dda

P

GOGLEDDOL	DEHEUOL
pa un? p'run?/p'un	- pwy un?
pacio	- paco
padall/padell ffrïo	- ffrimpan [ffreipan]
paid â siarad lol/yn wirion, paid â malu awyr	- paid siarad dwli/yn dwp
pam hynny? pam felly?	- pam 'nny?
pan	- pryd
pan wela i o	- pryd wy'n 'i weld e
panad/paned [cwpaned] (o de)	- dishgled [dysglaid]/dished (o de)
panad bach o de?	- dishgled fach o de?
parcio	- parco
pardduo, dilorni	- dishmoli

GOGLEDDOL	DEHEUOL

pasio [mynd heibio] - paso

pawb at y peth y bo - pawb â'i gleme' [clemau]

peidio [ymatal rhag gwneud
  rhywbeth; *hef:* rhoi'r gorau i
  wneud rhywbeth] - gadel/gadael
  paid â bod yn wirion - gad [di] dy ddwli
  paid â chwyno - gad dy gonan
  paid â'u d'eud nhw! - gad dy gelwydd!
  paid (ti) â seboni - gad (di) dy sebon nawr

peidio - pido/peido [peidio]

peidiwch - peidwch/pidwch [peidiwch]

peipen [*a gw:* "cetyn"] - piben

peltan [*gw:* "clustan"]

pen [*a gw:* "ceg"] - pen
  cur pen, gwayw yn y pen - pen tòst
  mae gen i gur yn 'y mhen - mae pen tòst 'da fi

pendramwnwgl - pendraphèn

penbwl [*gw:* "dwlyn"]

penbyliaid - penbylied

penci, gingron [cingron] [rhywun
  pengaled] - mwlsyn
  hen benci/hen gingron ydi hwnna
  hefyd - hen fwlsyn yw hwnna hefyd

pengaled, styfnig [ystyfnig] - stwbwrn
  pengaled fel mul - stwbwrn fel asyn

penglinia/penna'glinia'
  [penliniau] - pelinie [penliniau]

pentwr [twmpath = llawer],
  cruglwyth - crugyn, cruglwyth
  ma' gynnyn nhw bentwr o waith
  i'w 'neud - ma' crugyn o waith 'da nhw i'w
    'neud

peri, achosi - 'ala/hala, achosi

GOGLEDDOL	DEHEUOL
peri i ddyn feddwl ...	- hala dyn i feddwl ...
peri i ti fynd yn sâl	- hala di'n dost
peri traffa'th i rywun	- achosi gofid i rywun
peryg(l)	- dansier/danjer
peryglus	- dansierus/danjerus

[Credir gan lawer yn y Gogledd mai camddefnydd ar eiriau Saesneg yw *"dansier"* a *"dansierus"*, a glywir mor aml ym Maldwyn, Ceredigion a'r De: gan hynny byddir yn synnu pan sylweddolir bod ffurf o'r gair *"dansier"* (*"dainssier"*) yn y Gymraeg mor bell yn ôl â 1586, a *"dansierus"* (*"dangerus"*) ym 1726. Gellir olrhain y ddeuair i'r Hen Ffrangeg, a chyn hynny i'r Lladin: yn yr un modd, dylid sylweddoli mai o'r Lladin y mae'r geiriau "Gogleddol" *"peryg(l)"* a *"peryglus"*, hwythau, yn tarddu.]

peth amser	- ache [achau]
ers peth amser, ers tro byd	- ers ache
peth ddel [*gw:* "hogan ddel"]	
peth wmbradd [wmbredd]	- llwyth
1. pethau [*a gw:* "mân bethau"]	- pethach [petheuach], pethe
2. pethau da [*gw:* "da-da"]	
peunes, swelan	- swancen
piau [*gw:* "bod piau"]	
pibell [*gw:* "cetyn", "peipen"]	
picil [*gw:* "traffa'th"]	
picio allan	- popo mâs
piser	- siwc/tshiwc [siwg, jwg]
pìshyn [pisyn] [*ll:* pishia	
(pisiau)] [*a gw:* "darn", "hogan	
ddel"]	- pīshyn [pisyn] [*ll:* pīshys (*S: pieces)]*
1. piti/biti [tosturi]	- tr'eni [trueni]
teimlo piti dros (rywun)	- teimlo tr'eni dros (rywun)
2. piti/biti garw [gresyn o beth]	- tr'eni [trueni] mowr

GOGLEDDOL	DEHEUOL

pledio   - pleto

ploryn   - tosyn

pluad   - plufiad

pluo   - plufio
  eu pluo nhw go iawn   -   rhoi ītha plufiad iddyn nhw
  pluo eira, twrci, etc.   -   plufio eira, twrci, etc.

1. poen [yn ffigurol a/neu yn gor-
    fforol]   - lo's [loes], po'n
  chei di ddim poen   -   chei di ddim lo's/po'n
  mae'r gwir yn amal yn brifo -   ma'r gwir yn 'neud lo's yn aml

2. poen [yn feddyliol a/neu yn gor-
    fforol]   - gofid
  rydw i'n dallt pam mae hi'n
    poeni   -   wy'n dyall 'i gofid hi

poeni [a gw: "hidio", "malio"]   - becso
  rydw i'n poeni yn dy gylch di -   wy'n becso ymbytu ti

[Mewn rhannau o'r Gogledd, dywedir *"mae o'n gwaedu i mewn yn arw"* am rywun sy'n poeni/becso yn ddistaw ynddo'i hun.]

poenus [gw: "drwg"]

poethi, c'nesu [cynhesu]   - twymo lan
  mae'r gêm yn dechra poethi   -   mae'r gêm yn dechre twymo lan

poitsh [poits] [gw: "anhrefn",
    "cybolfa", "stwnsh"]

poitshio [poitsio], rhygnu mynd [a
    gw: "bustachu"]   - ceibo [ceibio]
  sut mae petha'n mynd?   -   shw' mae'n ceibo

popty   - ffwrn

potes [a gw: "cawl", "cymysgfa"]
  rhyngot ti a dy botes   -   rhyngto ti a dy gawl

powlan/powlen [gw: "desgil"]

powld [bold] [gw: "dig'wilydd"]

GOGLEDDOL		DEHEUOL
pres, arian [i'w wario] [*gw:* "arian"]		
pris	-	prīsh [pris]
proc	-	procad
proc i'r tân	-	procad i'r tân
1. pry' [pryf], pryfyn [*ll:* pryfaid (pryfed)]	-	cleren [*ll:* clêr]
pry' ar y wal	-	cleren ar y wal
2. pry' [pryf] copyn	-	corryn
3. pry' [pryf] genwair	-	mwydyn
4. pry' [pryf] tân, tân bach diniwed	-	magïen
pryd o dafod [*gw:* "hyd a lled"]		
prynhawn/p'nawn	-	prynhawn
prysur	-	bishi [bisi (*s:* busy)]
yn brysur, rhy brysur	-	yn fishi, rhy fishi
pwrpas	-	diben
pwrs (buwch, caseg, dafad, etc.)	-	cader [cadair]
pwy bynnag ydi o/hi [*S: whoever he/she is (may be)*]	-	ta pwy yw e/hi
pwy sy wedi troi'r drol? [*hef:* pwy sy wedi'ch rhoi chi oddi ar ych echal (echel)?]	-	pwy sy wedi dy gnoi di? [*hef:* pwy sy wedi dwgyd ych *porridge* chi?]

[**Clywir hefyd yn y Gogledd:** *"Pwy sy' wedi byta'i uwd o?"*, *"Pwy sy wedi dwyn dy bwdin DI heddiw?"*; ac yn y Canolbarth: *"Pwy sy' wedi dwgyd dy gaws di?"*. A gw: *"troi'r drol"* = *"moelyd y cart"*.]

pwys	-	pownd [*S: pound*]
hanner pwys	-	hanner pownd
pydru	-	pwdru/pwtru
pydru 'mlaen [dyfalbarhau] [*a gw:* "dyrnu arni", "tynnu 'mlaen"]	-	clatsho [clatsio] 'mla'n/bwrw 'mla'n
cariwch chi 'mlaen	-	clatshwch chi bant

GOGLEDDOL	DEHEUOL
pysgota [*gw:* "moerio"]	
pythefnos	- pythewnos [pythefnos]

R

racs mân [*gw:* "rhacs"]	
rasio, ymlid tsheshio [*S: chase]* [*a gw:* "rhedeg ar ôl"]	- cwrso, raso
rhedeg a rasio	- rhedeg a raso
rotsiwn beth [erioed ffasiwn beth], ffasiwn beth	- shwd beth, ffasiwn beth
welis i rotsiwn beth!	- weles i ario'd shwd beth!
'run peth ydi ci a'i gynffon	- 'run peth yw gast a'i chwt/brawd mogu yw tagu
rŵan [yr awr hon]	- nawr [yn awr]
mi ddo' i atoch chi rŵan [*mewn* *siop, etc.*]	- fydda i 'da chi nawr
r'wbath [rhywbeth]	- rh'wbeth [rhywbeth]
rwdan [*gw:* "meipan"]	

rwyt ti'n edrych yn smart heddiw/
    rwyt ti'n torri cyt heddiw/mae
    'na flewyn go dda arnat ti
    heddiw
	- mae 'na dorrad da arnat ti heddi

rydw i [*a gw:* "dw i"]	
rydw i i fod i alw'n ôl	- wy' i fod galw'n ôl
rydw i'n mynd rŵan	- wy'n mynd nawr

r'wsud-r'wsud [rhywsut-rhywsut]
    [*a gw:* "yn 'strim 'stram
      'strellach"]
	- shangdifang [sang-di-fang]

RH

GOGLEDDOL		DEHEUOL
rhacs gybibion [cyrbibion], racs mân	-	rhacs jibidêrs/rhacs jiberîns [*S: shibereens*, de Sir Benfro]
yn rhacs gybibion, yn deilchion, yn yfflon	-	yn rhacs jibidêrs
rhad	-	tsiēp/tsièp [tsiep] [*S: cheap*]
rhatach	-	tsiepach
rhaffu clwydda' [celwyddau], 'u rhaffu nhw	-	rhaffo nhw/'u rhaffo nhw
rhedeg ar ôl	-	cwrso
rhedeg ar ôl merched	-	cwrso menywod
rhedeg i ffwrdd [*gw:* "dianc"]		
rheolaidd	-	cyson
mi dw i'n rheolaidd fel watsh	-	wy' i'n gyson fel watsh
rhew	-	iâ
hufen iâ [*weith:* hufen rhew]	-	hufen iâ
rhewi [*gw:* "fferru"]		
rho draed arni [*gw:* "brysia"]		
rho i/mi ro i [fe roddaf i]	-	roia i
mi ro i bres i ti	-	roia i arian i ti
rhoi [*gw:* "gosod"]		
rhoi drosodd, cyfleu	-	rhoi'n gro's [croes]
rhoi neges drosodd, cyfleu neges	-	rhoi neges yn gro's
rhoi ei hyd a'i led i (rywun)/ d'eud y drefn wrth (rywun)	-	rhoi pryd o dafod i (rywun)
rhoi petha mewn trefn	-	shapo [siapo] stwmps
mynd i roi 'i betha mewn trefn	-	mynd i shapo stwmps
rhoi (rhywun) i lawr [claddu corff marw]	-	troi (rhywun) hibo [heibio]

GOGLEDDOL		DEHEUOL
rhoi sws-wlyb	-	lapswchan/lapswcho
rhoi'r gorau i ... [*gw:* "peidio]		
rhuthro, brysio, styrio	-	hastu
peidiwch â rhuthro petha	-	pidwch hastu pethe
styria, 'washi!	-	hasta di, gw-boi!
rhydd	-	bant
amsar rhydd	-	amser bant
rhyngddyn nhw a'i gilydd	-	rhyngto/rhyngton nhw a'i gilydd
rhywbeth diwerth [*a gw:* "dod-refnyn"]	-	celficyn
rhwng, cydrhwng	-	rhyngto/rhynt
rhwng Denz ac Eileen	-	rhyngto Denz ac Eileen
rhwng plant y dre a phlant y wlad	-	rhynt plant y dre a phlant y wlad
rhyngddyn nhw a'i gilydd	-	rhyngto/rhyngton nhw a'i gilydd

S

safn [*gw:* "ceg"]

GOGLEDDOL		DEHEUOL
1. sâl [a gw: "drwg"], bod â phoen, â chur	-	tòst [tost]
cur pen, mae gen i gur yn 'y mhen	-	pen tòst, mae 'da fi ben tòst
gwneud (rhywun) yn sâl	-	hala (rhywun) yn dòst
poen yn y bol, mae gen i boen yn 'y mol	-	bola tòst, mae bola tòst 'da fi
salwch	-	tostrwydd
2. sâl, drwg	-	gwael
wedi ca'l mis sâl [o safbwynt elw, etc.]	-	wedi ca'l mîsh gwael
saim	-	sā'm [saim]
sathru	-	damshgel

GOGLEDDOL	DEHEUOL
pwy sy wedi sathru ar dy gyrn di?	- pwy sy wedi damshgel ar dy gyrn di?
sbarc [*gw:* "gwreichionen"]	
sbens [*gw:* "twll dan grisiau"]	
sbïo [*gw:* "edrach", "aros"]	
sbit [*gw:* "ffunud"]	
sblashio [sblasio]	- tasgu
sgorio (mewn gêm)	- sgoro
sgrechian	- sgrechen/sgrechan [sgrechain]
sgytwad [ysgydwad] cael [uffar' o] sgytwad	- shiglad [siglad] - ca'l [yffach o] shiglad
shibolsen [sibolen] [*ll:* shibols]	- shibwnsen [sibwnsyn] [*ll:* shibwns]
shwgwr [siwgr]	- shwgir [siwgr]
siarad [*gw:* "hel straeon"]	
sicr [*gw:* "yn sicr ddigon"]	
simdda/shimdde [simdde]	- shime/shimle/shwmle [simnai]
siōe/shōe [sioe]	- sièw/shèw [siew]
sioncyn/sboncyn gwair	- ceiliog/cīlog y rhedyn

siort ora [orau], iawn, jehôi
  rydw i'r siort ora [mewn
    hwyliau]
	- grêt
	- wy i'n grêt

sir Sir Gâr [Sir Gaerfyrddin]	- shir [sir] - Shir Gâr
slofi, arafu	- slowo, arafu
s'ma'i?/su' ma'i?/su' dach chi?	- shw' ma'i?/shwd ych chi?
smalio [*gw:* "cellwair", "cymryd arno fod…"]	

GOGLEDDOL	DEHEUOL
smôc [*gw:* "mygyn"]	
smonach [smonaeth] [*a gw:* "gwneud smonach"]	- ffluwch
g'neud smonach o 'ngwallt i	- g'neud ffluwch o 'ngwallt i
smwddio	- stilo
haearn smwddio/hetar smwddio	- hàrn stilo
stalwyn	- march
stalwyn nobl	- march ffein
stopio	- stopo
stopio llancia gwffio	- stopo cryts i wmla' [ymladd]
straffaglu	- pwllffacan
strach [*gw:* "traffa'th"]	
straella [*gw:* "clebran"]	
straeon coch, straeon budron	- storïe [storïau] brwnt
stumia' [ystumiau] [*S: posturing*]	- cleme'
gad dy stumia'	- gad dy gleme'
styfnig [ystyfnig], pengalad/ pengaled	- stwbwrn
pengalad fel mul	- stwbwrn fel asyn
styfnigo/ystyfnigo	- stwbwrno
swnan, swnyn [*gw:* "cwynwr"]	
swp	- tshiwps
rydw i'n swp sâl	- wy'n tshiwps
syniad	- amcan, clem [*weith:* "clem" yn Arfon]
dim syniad, heb syniad, di-glem	- dim clem
does ganddi hi ddim llawar o syniad, dydi hi ddim llawar uwchben 'i phetha [pethau]	- sdim lot o glem 'da hi
does gen i ddim syniad	- sdim amcan 'da fi
oes gynnoch chi syniad?	- o's amcan 'da chi?
pawb at y peth y bo	- pawb â'i gleme' [clemau]
synnwn i ddim [ni synnwn i ddim], synnwn i fymryn	- synnen i damed [tamaid] [ni synnwn ...], synnen i fochyn

GOGLEDDOL	DEHEUOL

1. syrthio, disgyn - cwmpo [cwympo]
   mi syrthiodd o/hi dros ei ben/
   phen mewn cariad efo ... - cwmpodd/gwmpodd e/hi'n glatsh
   am ...
   syrthio i gysgu - cwmpo i gysgu

2. syrthio allan, ffraeo - cwmpo mâs
   ffraeo â ..., cweryla efo ... - cwmpo mâs 'da ...

T

tacluso	- cymoni/cwmoni [cymhennu]

1. taflu, lluchio - towlu/twlu
   taflu llwch - towlu dwst

2. taflu - bwrw
   taflu cip - bwrw pìp
   taflu'n ôl [gyda gwaith, etc.] - bwrw'n ôl
   taflu (rhywun) yn ôl - bwrw (rhywun) yn ôl

tafodi [gw: "blagardio"]

tagu [gw: "wedi tagu"]

taid	- tad-cu/ta'-cu

tail [gw: "baw"]

talu fesul tipyn	- talu gan bwyll bach
tamed [tamaid], darn, mymryn	- tam/tamed, pīshyn [pisyn]
tamprwydd	- lleithder

tân bach diniwed [gw: "pry' tân"]

taro [a gw: "bwrw", "curo"]	- clatshio [clatsio]
tasa [petai, pe bai]	- tase
tasa ti isio [pe baet ti eisiau]	- set ti'n moyn
tatan [taten], tysan [tysen]	- pytaten

GOGLEDDOL		DEHEUOL

tatw/tatws   -   tato
  plicio tatws [*weith:* crafu
    tatws]   -   crafu tato

1. tāw! tewch! [*gw:* "felly?"]

2. tāw (*en*) ar 'i biser o   -   stop ar 'i glonc e, rhoi tāw arno fe
  tāw ar 'i phiser hi   -   stop ar 'i chlonc hi
  tāw ar 'u piser nhw   -   stop ar 'u clonc nhw

tawedog [*gw:* "cyndyn o ddweud"]

tawn i byth ... [*gw:* "dawn ..."]

teciall/tegell [tegell]   -   tegil/tecyl

teclyn [*gw:* "dodrefnyn", "rhywbeth
    diwerth"]

teilchion [*a gw:* "smonach"]   -   ffaliwch/ffluwch
  yn deilchion   -   yn ffaliwch

teimlo   -   twmlo [teimlo]
  teimlo'r oerni   -   twmlo'r oerfel

teimlo'n embaras [*gw:* "embaras"]

teisan [*gw:* "cacan"]

tempran [*gw:* "ērio"]

tindroi [*gw:* "gwastraffu amser"]

tipyn bach   -   tamed bach

torheulo   -   bolaheulo

toriad gwawr, ben bora/bore,
    cynnar y bora   -   bore bach
  ar doriad gwawr/y wawr, yn
    gynnar yn y bora/bore -   yn y bore bach

torllwyth, ael [o foch]   -   tor, torraid

torri calon [*gw:* "digalonni"]

torri cyt [*gw:* "golwg smart"]

GOGLEDDOL	DEHEUOL
torri dy fol [o eisiau rhywbeth]	- torri dy fogel
bron torri dy fol	- bron torri dy fogel

roedd o bron torri'i fol isio
    ennill
	- o'dd e bron torri 'i fogel isie
	    ennill

torri i lawr [peiriant, etc.], concio allan	- conco mâs
torsythu [*gw:* "jarffio"]	
tōst [tost = bara wedi'i dostio]	- tòst [tost]
tosturi [*gw:* "piti"]	
traffa'th [trafferth], helbul, helynt, strach	- ffwdan, gofid
didraffa'th	- diffwdan
paid mynd i draffa'th, paid â thrafferthu	- paid mynd i ffwdan/paid ffwdanu
peri traffa'th i (rywun)	- achosi gofid i (rywun)
mynd i'r fath draffa'th	- mynd i'r holl ffwdan
trafferthu	- ffwdanu

fydda' i ddim yn trafferthu
    d'eud y gwir wrth yr Heddlu
	- sa i'n ffwdanu gweud y gwir wrth
	    yr Heddlu

paid â thrafferthu	- paid ffwdanu
trechu [cael y trechaf ar (rywun)]	- ffusto

trechodd y Cymry dîm y Crysau
    duon
	- ffustodd y Cymry dîm y Crysau
	    duon

trefn	- trefen [trefn]
tresio [*gw:* "tywallt"]	
treulio amser	- hala amser
trin (rhywbeth/rhywun)	- trafod

fentra fo mo'ch trin chi fel
    mae o'n 'y nhrin i
	- fentre fe mo'ch trafod chi fel
	    mae e'n 'y nhrafod i

trin lori garthion	- trafod lori gaca
trïo [*gw:* "ceisio"]	

GOGLEDDOL	DEHEUOL
troi'r drol	- moelyd/mhoelyd [ymhoelyd] y cart
trol [gw: "cart"]	
trowsus/trywsus	- trowser/trwser
trwsgwl [trwsgl], cyntefig [am iaith, peiriant, etc.]	- clogyrnedd/clogyrnaidd
trwsiadus [gw: "go dda ei fyd"]	
trwsio	- c'wiro [cywiro]
does dim trwsio arno fo	- sdim c'wiro arno fe
tryblus [gw: "drwg"]	
tshesho [S: chase] [gw: "rasio"]	
tshesho ar fy ôl i [fy ymlid i]	- cwrso/tasgu ar yn ôl i
tu hwnt, yn arw iawn	- mâs draw
mwynhau'n arw iawn/mwynhau tu hwnt	- joio/joyo mâs draw
tua	- marce [marciau]
tua dwy fil, tua'r dwy fil 'na	- marce'r dwy fil 'na
tua faint fydda fo'n gostio?	- marce faint fydde fe'n gosti?
tua un o'r gloch	- marce un o'r gloch
tua'r ffigwr yna	- marce'r ffigwr 'na
twb	- twba
twll dan grisiau, sbens [S: dispense]	- cwtsh dan sta'r
twp [gw: "gwirion"]	
twrch daear	- gwādd [gwahadden]
twtshiad [gw: "cyffwrdd"]	
twyllo [a gw: "drysu"]	- cafflo [S: caffle]
twymo [gw: "c'nesu"]	
tyfn [gw: "dyfn"]	
tyfodi [gw: "blagardio"]	

GOGLEDDOL		DEHEUOL
tynnu dillad	-	matryd [ymddihatru]
tynnu amdanat [oddi amdanat]	-	dy fatryd di
tynnu drwy'r baw/drain/mwd/llaid		
[cymeriad neu enw da rhywun]	-	tynnu drwy'r trash
tynnu 'mlaen [mewn oedran], mynd		
i oed	-	bwrw 'mla'n
rwy'n tynnu 'mlaen erbyn hyn	-	rwy'n bwrw 'mla'n erbyn hyn
1. tyrd!/ty'd!	-	dere!
tyrd allan!ty'd allan!	-	der' mâs!/dere mâs!
tyrd i mewn!/ty'd i mewn	-	der' miwn!/dere miwn
tyrd ti!/ty'd ti!	-	der' di!/dere di!
tyrd yma!/ty'd yma!	-	der' ma!/dere 'ma
ty'd yn d'laen [tyrd yn dy		
flaen]	-	der' 'mla'n
2. tyrd!/ty'd!, d'o! [dyro!]	-	der'! [dyro!]
tyrd â phanad i mi!; d'o mi		
[dyro i mi] banad!	-	der' â dishgled i fi!
tywallt, tresio	-	arllwys
mae'n tresio bwrw	-	mae'n 'i harllwys hi
tywallt gwaed	-	colli gwaed
tywallt/tollti te	-	arllwys te
tywallt y glaw, tresio bwrw	-	arllwys y glaw

U

'u rhaffu nhw [*a gw:* "rhaffu"] - 'u rhaffo nhw

uchal/ychal [uchel]	-	uchel
ucha/ycha [uchaf]	-	uchela/ucha
uchad/ychad [uched], cyfuwch	-	ucheled
uwch	-	uchelach
uffarn/uffern dân! myn uffarn i!	-	yffach gols! [colsyn = glo byw]
uffernol	-	yffachol
uffernol o hen	-	yffachol o hen
ugian/igian [ugain]	-	ucen/ugen [ugain]

GOGLEDDOL		DEHEUOL
union [*a gw:* "yn union"]	-	cwmws [cymwys]
dyma'r arian union	-	dyma'r arian cwmws/ar ei ben
yn union, yn hollol	-	yn gwmws
1. unwaith .. [*gw:* "cyn gynted"]		
2. unwaith eto [*gw:* "drachefn"]		
3. unwaith neu ddwy, ychydig o weithia [gweithiau]	-	cwpwl o weithe [gweithiau], siwrne neu ddwy
ychydig nosweithia, cwpwl o nosweithia, noson ne' ddwy	-	cwpwl o nosweithe
uwch	-	uchelach

W

waeth [ni waeth] (i mi, i ti ddŵad, etc.), dydi o nac yma nac acw	-	man a man (i fi, i ti ddod, etc.)
waeth [ni waeth] heb â chwyno	-	sdim iws conan
'waethad [*gw:* "cyn waethad"]		
waldio/gwaldio, curo	-	wado
mi gurodd Cymru dîm Lloegr	-	wadodd Gymru dîm Lloegr
'washi/'ngwas i [fy ngwas i]	-	gw-boi, w[s
gwranda di arna' i, 'washi	-	gronda di arna' i, gw-boi
yli di yma, 'washi	-	shgwla di 'ma, gw-boi
wastad, bob amser, byth a hefyd	-	wastad/wastod [yn wastad]
w'chi [wyddoch chi]	-	'chi'n-bod [chi'n gwybod]
'chi be'?/w'chi be'? ['wyddoch chi beth?]	-	'chi'n gwbod beth?
wedi gwylltio [*gw:* "dig/yn ddig"]		
wedyn [wedi hyn/wedi hynny]	-	wedyn/wedi 'nny
wel, myn coblyn i! dowadd annw'l!	-	diawch erio'd! wel, y diawch erio'd

GOGLEDDOL		DEHEUOL
'wela i di tua'r dau 'ma	-	'wela i di marce dau
well i mi ddechra' arni, mae'n well i mi ddechra' arni	-	well i fi fwrw ati
ẁrach [hwyrach], ella [efallai]	-	walle [efallai], falle
wrth ymyl	-	ar bwys
wrth f'ymyl i	-	ar 'y mhwys i
stedda' wrth f'ymyl i	-	ishte ar 'y mhwys i
wsos/wsnos [wythnos]	-	wthnos/wsnoth [wythnos]
w'sti [wyddost ti]	-	'ti'n-bod [ti'n gwybod]
'sti be'?/'wsti be'? ['wyddost ti beth?]	-	'ti'n gw'bod beth?
ŵy	-	wȳ [ŵy, wy]
ŵy tsheni/ŵy addod	-	wȳ addo/wȳ promish/nythwy
ŵy Pāsg [Pasg]	-	wȳ Pàsg [Pasg]
wynebgaled o ddig'wylidd [gw: "croen 'y nhin i"]		
wylo [a gw: "crïo"]	-	llefen [llefain]

Y

y capel, cyfarfod	-	cwrdd/y cwrdd
mynd i'r capel	-	mynd i'r cwrdd
y cr'adur [creadur] bach	-	pŵr dab
y diwrnod/y dydd o'r blaen	-	pwy ddiwrnod
y noson o'r blaen	-	pwy nosweth [noswaith]
y frech ieir	-	brech yr ieir
ychwaith [gw: chwaith"]		
ychydig o weithia [gw: "unwaith neu ddwy"]		
ydi [ydyw]	-	ody [ydyw]

GOGLEDDOL		DEHEUOL
ydi a nag 'di	-	ody a na 'dy
ydw [ydwyf]	-	odw [ydwyf]
ydw a nag 'dw	-	odw a na 'dw
yng nghylch [*gw:* "am/amdan"]		
yli/yldi [weli di]	-	weldi [weli di], 'tweld [ti'n gweld]
ylwch [gwelwch]	-	chwel' [gellwch weld]
yma, hwn, hon	-	hyn
y bachgan hwn	-	y bachan hyn
y ddynes hon	-	y fenyw hyn
y lle yma	-	y lle hyn
yma ac acw	-	fan hyn fan draw
ymdrochi [*hef:* nofio]	-	nofio, oefad [(m)oedfad/(m)ofiad/ nofiad]
mynd i ymdrochi/nofio	-	mynd i oefad

[**Sylwer y defnyddir *"oefad"* am *"ymdrochi"* yn ogystal (yn yr afon/y môr, etc., o'i wrthgyferbynnu â mewn baddon, etc. - nad yw o angenrheidrwydd yn cynnwys *"nofio"*).**]

ymddwyn, byhafio	-	bihafio
ymffrost, brolio	-	brawl
ymhen dim [*gw:* "chwap"]		
ymladd, cwffio	-	wmla', ffeito
ymolchi/molchi	-	ymolch/wmolch/molchi [ymolchi]
rydw i isio molchi cyn mynd	-	rwy'n moyn ymolch cyn mynd
stafell molchi	-	stafell folchi, stafell folch
yn arw iawn, tu hwnt	-	mâs draw
mwynhau yn arw iawn	-	joio/joyo mâs draw
yn barod [*gw:* "eisoes"]		
yn bod/ar gael	-	ar glawr
yn chwil ulw	-	yn feddw gorlac, yn feddw gocls [*S: cole rake*]

GOGLEDDOL	DEHEUOL
yn gandryll [*gw:* "candryll"]	
yn gofyn tarw	- gwasod
buwch yn gofyn tarw	- buwch yn wasod
yn gyflym [*gw:* "cyflym"]	
yn ogystal, hefyd	- 'fyd/hefyd/'ed
yn sicir [sicr] ddigon [*a gw:* "digon"]	- reit 'i-wala
yn strim-stram-stellach [ystrim, ystram, ystrellach]	- yn garlibŵns [sang-di-fang]
yn union, yn hollol	- yn gwmws [cymwys]
roedd o'n union yr un fath	- o'dd e'n gwmws yr un peth
yn wir? [*gw:* "felly?"]	
yn wirion bōst, allan o'i bwyll, o'i go'	- off 'i ben
yn'd oes?/yn't oes? [onid oes?]	- on'd o's e?/yndo's e? [onid oes e?]
yn't e? [onid e?]	- on'te fe?/ontefe?/yndife [onid e fe?], 'tefe

[**Yr ymadroddion** *"isn't it?"/"isn't there?"*, **etc. yw'r Saesneg agosaf at ystyr y ddau ymadrodd uchod, 'debyg. Ond mae'r Ffrangeg** *"n'est-ce pas?"* **a'r Almaeneg** *"nicht wahr?"* **yn gyfystyr.**]

yr adag [adeg] honno	- pr'ynny [pryd hynny]
yr un/'run peth ydi ci a'i gynffon	- 'run peth yw gast a'i chwt, brawd mogi yw tagu
ysgol [lle i gael addysg]	- ysgol
ysgwyd	- shiglo [siglo]
mi gefais i fy ysgwyd	- ges i'n shiglo
ysgwyd ei gynffon	- shiglo'i gwt
ysgwyd llaw efo fo	- shiglo llaw 'da fe
ystol/ysgol [i ddringo i ben to]	- ysgol

[**Fel arfer, yn y Gogledd, defnyddir** *"ystol"* **am y ddyfais ddringo, ac** *"ysgol"* **am y sefydliad addysgiadol.**]

ystyfnig [*gw:* "styfnig"]

BENYWAIDD A GWRYWAIDD

GOGLEDDOL

DEHEUOL

breuddwyd, y breuddwyd, breuddwyd
difyr [*eg*]

- breuddwyd, y freuddwyd, breuddwyd ddifyr [*eb*]

cardyn [cerdyn], y cardyn, cardyn
llydan [*eg*]

- carden [cerdyn], y garden, carden lydan [*eb*]

cinio, y cinio, cinio blasus [*eg*]

- cino, y cino, cino blasus [*eg*] *hef:* cinio, y gino, cino flasus [*eb*]

[Dywedir wrth yr Awdur, gan un sydd â mawr brofiad yn hyn o beth - yn dafodieithol, os nad fel danteithiwr (neu fel bolgi!) - mai arferiad y De yw trin *"cino"* [= nawnbryd] fel *Enw Gwrywaidd*, a *"cino"* [= hwyrbryd] fel *Enw Benywaidd*. Mae hyn braidd yn rhy gyfrwys-gynnil i'r Awdur druan: ei reddf ef fyddai dychwelyd at yr hen drefn werinol, gefn-gwlad, Gymreig o ddefnyddio *"cinio/cino"* am nawnbryd, a galw'r hwyrbryd yn *"swper"*.]

clust, y glust, clust fyddar [*eb*]

- clust, y clust, clust byddar [*eg*]

cornel, y gornel, pedair cornel
cornel gynnes [*eb*]

- cornel, y cornel, pedwar cornel, cornel cynnes [*eg*]

crib, y crib, crib mân [*eg*]

- crib, y grib, crib fân [*eb*]

cwpan, y gwpan, cwpan lawn [*eb*]

- cwpan, y cwpan, cwpan llawn [*eg*]

cyflog, y cyflog, cyflog
bach [*eg*]

- cyflog, y gyflog, cyflog fach [*eb*]

cyngerdd, y cyngerdd, cyngerdd
cerddorol [*eg*]

- cyngerdd, y gyngerdd, cyngerdd gerddorol [*eb*]

eiliad, eiliad byr [*eg*]

- eiliad, eiliad fer [*eb*]

emyn, yr emyn gyntaf [*eb*]

- emyn, yr emyn cyntaf [*eg*]

gwniadur, y gwniadur, gwniadur
tynn [*eg*]

- gwniadur, y wniadur, gwniadur dynn [*eb*]

munud [*eg*]

- munud, muned [*eb*]

GOGLEDDOL		DEHEUOL
un munud	-	un funud, un funed
dau funud	-	dwy funud, dwy funed
tri munud	-	tair munud, tair muned
pedwar munud	-	pedair munud, pedair muned
y munud yma	-	y funud hon
y munud ola [olaf]	-	y funud ola
nifer, nifer mawr [eg]	-	nifer, nifer fawr [eb]
poen, y boen, poen waeth [eb]	-	poen, y poen, poen gwaeth [eg]
straen, straen gormodol [eg]	-	straen, straen ormodol [eb]
tafarn, y dafarn, tafarn glud [eb]	-	tafarn, y tafarn/y dafarn, tafarn clud [eg]

LLAFARIAID BYRION A HIRION

Yma, dynodir y llafariaid byr ag acen leddf [`] a'r llafariaid hir â marc hirsain [¯]. Dylid pwysleisio mai dyfais i gyfleu'r *ynganiad* yn unig yw'r acenion hyn, ac nas defnyddir yn ffurfiau ysgrifenedig y geiriau a restrwyd. Gwelir y ffurfiau ysgrifenedig cywir [mewn bachau sgwâr] yn dilyn y ffurfiau llafar - yr un ydynt yn y Gogledd a'r De fel ei gilydd. Teimlir bod digon o'r geiriau hyn yn bodoli iddynt haeddu eu rhestr atodol eu hunain - yn enwedig yn wyneb y ffaith nad yr un [*byr-hir/hir-byr*] yw'r newid yn ddieithriad rhwng Gogledd a De.

GOGLEDDOL	SILLEFIR	DEHEUOL
āer (awyr)	aer	àer
āer (etifedd)	aer	àer
bỳth	byth	bȳth
càll	call	cāll
clūst	clust	clùst
còll	coll	cōll
còron	coron	cōron
cōsb	cosb	còsb
cōst	cost	còst
côt	côt	còt
Crīst Iesu Grīst	Crist Iesu Grist	Crìst Iesu Grìst
cwēst	cwest	cwèst
cw̄sg	cwsg	cẁsg
drỳll	dryll	drȳll
gwèll	gwell	gwēll
gwēllt	gwellt	gwèllt
hèb	heb	hēb
hōllt	hollt	hòllt

GOGLEDDOL	SILLEFIR	DEHEUOL
mēllt	mellt	mèllt
Nadòlig	Nadolig	Nadōlig
y Pāsg	y Pasg	y Pàsg
pèll	pell	pēll
pìshyn	pisyn	pīshyn
pōst *ll:* pӯst y Pōst	post pyst y Post	pòst pỳst y Pòst
pẁll	pwll	pw̄ll
rhēw	rhew	rhèw
siŵr	siŵr	sìwr
sw̄llt	swllt	sẁllt
tōst	tost	tòst *(yn y ddau ystyr)*
trīst	trist	trìst
tӯst	tyst	tỳst
ŵy	wy/ŵy	wӯ

LLUOSOGION

GOGLEDDOL		DEHEUOL
banc, banciau	-	banc, bencydd
blwyddyn, blynyddoedd	-	blwyddyn, blynydde [blynyddau]
cafod [cawod], cafodydd/cawodydd	-	cawod, cawedydd/cawata [cawodydd/ cawadau]
cefndar [cefnder], cefndryd	-	cefnder, cenderwyr

164

GOGLEDDOL		DEHEUOL
clo, cloua/cloue [clouau]	-	clo, cloion
dima/dime [dimai], dimūa/dimeue [dimeiau]	-	dime [dimai], dimïe/dimïod [dimeiau/dimeiod]
dwsin, dwshina [dwsinau]	-	dusen, dusenni
dyn, dynion	-	dyn, dynon
efaill, efeilliaid	-	(g)efell, (g)efeillied
ffrind, ffrindia/ffrindie [ffrindiau]	-	ffrind, ffrindie/ffrinds [ffindiau/ffrins]
esgid, sgidia [esgidiau]	-	esgid, sgitshe [esgidiau]
gof, gofaint	-	gof, gofied
llythyr, llythyra [llythyrau]	-	llythyr, llythyron
mynydd, mynyddoedd	-	mynydd, mynydde [mynyddau]
negas [neges], negesa/negeseua [negesau/negeseuau]	-	neges, negeseuon
sglodyn, sglodion	-	sglodyn, ysglod
teisen, tishennod [teisennod]	-	teisen, teisenna [teisennau]
to, toeau/toeon	-	to, toion
tywarchen, towyrch/tŵyrch [tywyrch]	-	tywarchen, tŵarch
tywel, tyweli	-	tywel, tywelion
wal [gwal], walia [waliau]	-	wal, welydd/walydd

NEGYDDU

Nodwedd fwyaf trawiadol y Gogledd (ynghyd ag ambell ran arall o'r wlad) wrth negyddu'r ferf *"bod"* yw *"dydw i ddim/doeddwn i ddim"* [nid ydwyf i ddim/nid oeddwn i ddim], etc.

Yn y De, y ffordd fwyaf cyffredin o negyddu'r ferf *"bod"* yw'r *"sa"* a'r *"so"*. Dim ond yn y person cyntaf unigol y defnyddir *"sa"* - *"so"* a arferir ym mhob achos arall. Felly: *"sa i"*; *"so ti/chi"*; *"so fe/hi"*; *"so ni/chi/nhw"*. Ceir hefyd ffurfiau megis *"sdimo i/soi/sai/sana i"* [nid oes dim ohonof fi]. At hynny, defnyddir y "nag" o flaen gwahanol ffurfiau o'r ferf *"bod"* - megis *"nag w' i"*; *"nag wyt ti"*, etc. Wele ambell enghraifft o'r dulliau Gogleddol ac o'r rhai Deheuol:

GOGLEDDOL	DEHEUOL
doedd o am dd'eud dim/dim byd	- nag o'dd e am 'weud dim
doeddach chi ddim wedi 'i weld o?	- nag o'ch chi wedi 'i weld e?
doeddan ni ddim isio panad o de	- nag o'n ni moyn dishgled o de
dydach chi ddim wedi bod?	- so chi wedi bod?
dydan ni ddim wedi 'i weld o	- so ni wedi 'i weld e/nag ŷ'n ni wedi 'i weld e
dydi o ddim isio mynd	- so fe'n moyn mynd/nag yw e'n moyn mynd
dydw i ddim yn dŵad	- sa i'n dod/nag w i'n dod
welsoch chi mo'no fo?	- so chi wedi 'i weld e?

LLYFRYDDIAETH

Blas ar Iaith Blaenau'r Cymoedd, Mary Wiliam (Llyfrau Llafar Gwlad)
Blas ar Iaith Llŷn ac Eifionydd, Bedwyr Lewis Jones (Llyfrau Llafar Gwlad)
Canllawiau Iaith a Chymorth Sillafu, J. Elwyn Hughes (Gwasg Ffrancon)
Cyfarwyddiadau i Awduron, Elwyn Davies (Gwasg y Brifysgol)
Cymraeg, Cymrâg, Cymrêg, Beth Thomas a Peter Wynn Thomas (Gwasg Tâf)
Cymraeg Sir Benfro, Gwenllian Awbery (Llyfrau Llafar Gwlad)
Dilyn Cymraeg Byw, H. Meurig Evans (Christopher Davies)
Elfennau Gramadeg Cymraeg, Stephen J. Williams (Gwasg y Brifysgol)
Geiriadur D. Silvan Evans
Geiriadur Prifysgol Cymru (Gwasg y Brifysgol)
Geiriadur Spurrell, Bodvan Anwyl (W. Spurrell a'i Fab)
Geiriadur Termau, gol. Jac L. Williams (Gwasg y Brifysgol)
Gwerin-Eiriau Sir Gaernarfon, Myrddin Fardd (Gwasg Richard Jones, Pwllheli)
Llawlyfrau Termau'r Gwyddorau [o *"Addysg"* hyd *"Swyddfa a Busnes"*] (Gwasg y
   Brifysgol)
Llwybrau'r Iaith, H. Meurig Evans (Llyfrau'r Dryw)
Llyfrau Idiomau Cymraeg, I a II, R.E. Jones (Tŷ John Penry)
Pobol y Cwm [*sgriptiau, etc.*] (Y Gorfforaeth Ddarlledu Brydeinig)
Rhestr o Enwau Lleoedd, gol. Elwyn Davies (Gwasg y Brifysgol)
The Collins-Spurrell Welsh Dictionary (Collins)
The Collins Spurrell Welsh Dictionary (Arg. Newydd, 1991), D.A. Thorne (Harper
   Collins)
The Linguistic Geography of Wales, Alan R. Thomas (Gwasg y Brifysgol)
Y Geiriadur Cymraeg Cyfoes, H. Meurig Evans (Hughes a'i Fab)
Y Geiriadur Cymraeg-Saesneg-Cymraeg, T. Gwynn Jones ac Arthur ap Gwynn
   (Hughes a'i Fab)
Y Geiriadur Mawr, H. Meurig Evans a W.O. Thomas (Llyfrau'r Dryw/Gwasg
   Aberystwyth)
Y Geiriadur Newydd (Christopher Davies)
Y marfer Ysgrifennu, Gwyn Thomas (Christopher Davies)

HEFYD GAN YR AWDUR:

[D] = DWYIEITHOG

OD-ODIAETH [1967]
SECOND-CLASS CITIZEN [S] **[1969]**
Y GYMRAEG A'R CYNGOR [1970]
TERMAU CYFRAITH *[D]* [1972]
IAITH A SENEDD [1973]
TREFN LLYSOEDD YNADON A'R GYMRAEG *[D]* [1974]
ESGID YN GWASGU[*] **[1980]**
GEFYNNAU TRADDODIAD [1983]
TAFOD MEWN BOCH? [1990]
GEIRIADUR Y GYFRAITH *[D]* [1992]

(*) Cyfrol y Fedal Ryddiaith yn Eisteddfod Genedlaethol Dyffryn Lliw.